segundo círculo

patsy rodenburg

o segundo círculo

Tradução
Maria Clara De Biase W. Fernandes

CIP-BRASIL. CATALOGAÇÃO-NA-FONTE
SINDICATO NACIONAL DOS EDITORES DE LIVROS, RJ.

R593s
Rodenburg, Patsy, 1953-
 O segundo círculo / Patsy Rodenburg; tradução: Maria Clara De Biase W. Fernandes. – Rio de Janeiro: Best*Seller*, 2009.

 Tradução de: The second circle
 ISBN 978-85-7684-279-8

 1. Sucesso. 2. Psicologia energética. 3. Psicologia positiva. 4. Técnicas de autoajuda. I. Título.

09-2083
CDD: 158.1
CDU: 159.947

Texto revisado segundo o novo
Acordo Ortográfico da Língua Portuguesa.

Título original norte-americano
THE SECOND CIRCLE
Copyright © 2008, 2007 by Patsy Rodenburg
Copyright da tradução © 2009 by Editora Best Seller Ltda.

Diagramação: ô de casa

Todos os direitos reservados. Proibida a reprodução,
no todo ou em parte, sem autorização prévia por escrito da editora,
sejam quais forem os meios empregados.

Direitos exclusivos de publicação em língua portuguesa para o Brasil
adquiridos pela
EDITORA BEST SELLER LTDA.
Rua Argentina, 171, parte, São Cristóvão
Rio de Janeiro, RJ – 20921-380
que se reserva a propriedade literária desta tradução

Impresso no Brasil

ISBN 978-85-7684-279-8

PEDIDOS PELO REEMBOLSO POSTAL
Caixa Postal 23.052
Rio de Janeiro, RJ – 20922-970

Para Michael

O que é o amor? Não é o futuro.
A alegria presente tem riso presente.

— WILLIAM SHAKESPEARE, *Noite de reis*

Agradecimentos

Muitas pessoas me apoiaram pessoal e profissionalmente quando escrevi este livro

Sou muito grata a Kate Adams, pela fé no livro, e a Bob Weil, pela orientação clara; Joe Spieler e Arabella Stein, pela energia constante; meu caro administrador e amigo Rick Scott, particularmente pela paciência; Tyne Rafaeli, pelo zelo e extrema inteligência.

A um maravilhoso grupo de amigos e colegas que me carregaram em partes da jornada: Wendy Allnutt, Sue Barnet, Mary Carter, Martin Connor, Ian Cutts, Gil Dove, Anna Garduno, John Harle, Jenny Harris, Barry Ife, Wyn Jones, Brigid Larmour, Katie LeOrisa, Simon Mainwaring, Kelly McEvenue, Larry Moss, Lesley Murdin, Ruth Padel, Lisa Robertson, Max Rodenburg, Alaknanda Samarth, Mischa Scorer, Christina Shewell, Eliot Shrimpton.

A grandes educadores: meus alunos na Guidhall School of Music and Drama.

E, finalmente, à querida Antonia Franceschi.

Sumário

Introdução	11

Parte um: Encontrando sua presença

1	Presença	21
2	Como a presença é perdida?	33
3	Os Três Círculos de Energia	37
4	Como entrar no Segundo Círculo	49
5	Corpo	61
6	Trabalhando no corpo do Segundo Círculo	71
7	Respiração	83
8	Respiração do Segundo Círculo: entrando em contato	99
9	Voz	105
10	Palavras	119
11	Audição	133
12	Sentidos	143
13	Mente	147

14 | A verdade por trás dos clichês — 151
15 | Coração — 157
16 | Repouso — 165
17 | Trabalhando com o próprio medo — 169
18 | Defendendo a presença — 173
19 | Os sabotadores — 183
20 | Ameaças — 187
21 | Testemunhando o dano — 203
22 | Tecnologia — 207
23 | Eventos que sabotam — 215
24 | Maior liberação emocional — 223

Parte dois: Viva com plena presença

25 | Famílias — 233
26 | Relacionamentos, casamento e sexo — 245
27 | Comunidades — 253
28 | Educação — 257
29 | O local de trabalho — 265
30 | O mundo corporativo — 271
31 | Profissões que dependem do Segundo Círculo — 281
32 | Lazer — 301
33 | Purificando a energia negativa — 307
34 | Prática diária — 311

Novos começos — 315
Sobre a autora — 317

Introdução

Este livro mudará sua vida e despertará em você todo o potencial humano. Mudará seu modo de se envolver com os outros: de olhar, ouvir, pensar, sentir, aprender e fazer negócios. Fará se sentir mais seguro, desafiará sua compaixão, o tédio e a negatividade. Você entrará no mundo com esperança e vida — renascido com a presença positiva. Aprenderá a se lembrar e canalizar essa energia vital em todos os aspectos da vida.

Para vivenciar por completo o potencial do Segundo Círculo, você realmente precisa se permitir voltar à presença positiva com que nasceu. Essa presença o tornará mais bem-sucedido, feliz e amoroso.

Eis o problema com a palavra "presença". Muitas pessoas acham que é algo que você tem ou não. Um dom de Deus, como se, por exemplo, o carisma que abrilhanta um ator famoso não fosse palpável e não pudesse ser obtido. Discordo: você pode não ter a maquiagem, as roupas e os efeitos de luz que realçam os astros, mas pode aprender a descobrir todo o seu carisma. Tudo isso é energia. Energia presente — clara, total e atenta.

Este livro e minha busca por energia positiva começaram trinta anos atrás. Durante esse tempo, tive o privilégio de trabalhar com alguns dos artistas mais bem-sucedidos e famosos do planeta. Talvez o mais intrigante seja que trabalhei não só com líderes corporativos e pessoas que servem à sociedade — como professores, médicos e advogados —, mas também com pessoas à margem dela: prisioneiras. Deixe-me explicar.

Quando eu era jovem, adorava a obra de William Shakespeare e me sinto abençoada por ter podido passar muitos anos trabalhando com ela. Quanto mais o fazia, mais percebia que realmente a adorava, não só devido ao brilho da linguagem ou da profunda compreensão dos seres humanos, mas porque Shakespeare gostava de nós. Realmente se importava com as pessoas, sabia que éramos mais unidos por semelhanças do que separados por diferenças. O mais importante é que nos pediu para nos comportarmos melhor do que às vezes estamos dispostos. De modo categórico, revelou-nos que só podemos amar incondicionalmente, encontrar intimidade, ser iguais e usar bem o poder se estivermos presentes uns para os outros e o mundo. Através do trauma e da perda ele guia os personagens em um plano de presença positiva.

Tenho viajado e trabalhado por todo o mundo. Se as pessoas que encontro nas viagens ficam sabendo que trabalho com Shakespeare, frequentemente citam uma de suas frases mais famosas: "Ser ou não ser, eis a questão."

Neste livro explorarei o "ser ou não ser" e provarei que você tem uma opção, pode viver e estar presente positivamente no Segundo Círculo consigo mesmo e com os outros. Se quiser.

Em 1977, comecei a lecionar para atores de várias universidades e companhias de teatro. Naqueles primeiros tempos trabalhei com alguns astros — mas principalmente com jovens estudantes inexperientes — lhes ensinando habilidades de voz, fala e linguagem. Descobri que a preparação técnica era relativamente fácil, porque eles só tinham de aprender e repetir certos exercícios. Mas ajudá-los a entender o que diziam e por que o diziam era mais difícil, embora possível.

Eles se tornaram audíveis, coerentes e interessantes de se escutar; mas isso não bastava. Eu me sentava e ouvia talvez duzentos por semana. Não conseguia entender por que certos atores faziam tudo direito e, contudo, não conseguiam me envolver ou convencer. Alguns eram realmente impressionantes, inteligentes e exibiam habilidades complexas. Mas eu esquecia do trabalho deles — não permanecia na minha memória. Outros eram muito bonitos, mas não envolvidos o bastante para serem sexualmente atraentes. O que estava faltando?

Indagava aos professores mais velhos e experientes a esse respeito, e eles sorriam e diziam algo como "É talento, ou tem 'presença'. Fulano de tal simplesmente não tem isso". Uma noção rígida, esse "isso". Os colegas pareciam estar sugerindo que, se alguém já não o tivesse, fugia-lhe ao poder obtê-lo ou ao meu ensiná-lo. Pelo jeito, aqueles que não o tinham — os sem presença — cairiam em um buraco na rua e desapareceriam para sempre.

Agora, o que você deve saber sobre mim no começo deste livro é que sou teimosa e tenho grande senso de justiça. Achei as reações dos outros professores muito injustas e não aceitaria a desigualdade da presença humana. Além disso, de vez em quando, um dos alunos que inicialmente não pareciam ter "isso" subitamente o obtém. E se eu reconhecesse essa mudança, alguns iriam mantê-la. Outros professores a notariam e esse aluno que estava fracassando começaria a ser bem-sucedido. Era um milagre? Eu achava que não. Mesmo naquela época, sabia que não era um dom o que eu estava apresentando, mas uma energia que todos nós temos; de algum modo, permitira a um aluno descobrir a verdadeira energia, a presença. Comecei a tentar definir essa presença e possibilitar aos alunos trabalharem com ela.

Sabendo que o processo tinha algo a ver com energia, passei a reconhecer os diferentes tipos que um ser humano pode aprender a utilizar: a energia do corpo, a respiração, a voz, a mente, o coração e o espírito. Todos nós emanamos energia e, ouvindo, a recebemos. Damos e recebemos. Descobri que não era um milagre os alunos recuperarem a presença, mas uma tragédia terem-na perdido. Comecei a perceber que presença é uma qualidade universal que todos possuímos, mas que de algum modo fica adormecida — "isso" está nos corpos e na respiração, e pode ser despertado.

Por meio de exercícios formais, comecei a compreender que a energia da presença podia ser desenvolvida, entendida e aumentada. Instintos e medos me diziam que ela só poderia ser cultivada e crescer em uma arena segura. Já nos primeiros dias, sabia que a presença em um indivíduo é uma força vital que diminui quando a força da negatividade supera a da positividade em uma atmosfera de trabalho. Desencorajava comportamentos que, pelo que observava, diminuíam a energia: negligência, relaxamento, respiração rasa, voz fraca, pensamento ignorante, zombaria e cinismo — tudo o que parecia esgotar a vitalidade de um ser humano e do grupo ao redor. A presença se desenvolve em meio a amor incondicional e alegria.

Pouco a pouco, identifiquei três movimentos básicos de energia. O que passei a chamar de Primeiro Círculo era um movimento para dentro que a levava na direção do eu. No extremo oposto estava o Terceiro Círculo, em que ela era forçada para fora na direção do mundo em geral. No Segundo Círculo, a energia se concentrava em uma pessoa ou objeto específico e se movia nas duas direções: de dar e receber. O que todos os atores que possuíam "isso" tinham em comum é operar no Segundo Círculo. Desde cedo eu soube que a energia para dentro do Primeiro Círculo e a energia generalizada do Terceiro Círculo eram úteis para todos nós, mas a perda permanente do Segundo Círculo em alguns dos alunos era a perda de força vital. Também percebi que algumas pessoas podiam lidar com o Segundo Círculo fisicamente, mas não emocional ou intelectualmente. Meu objetivo real era tornar um ser humano capaz de funcionar totalmente no Segundo Círculo.

Comecei a levar esse trabalho para fora do teatro e a aplicá-lo a não atores.

Essa parte da jornada começou quando eu tinha 23 anos. Recebi um telefonema de uma senhora me pedindo para trabalhar com o irmão. Ela parecia preocupada, mas só disse que ele tinha uma voz estúpida e monótona.

— Sim — disse eu.

— Ele é velho — ela pareceu constrangida e então completou — não é muito… normal.

— Vou tentar — disse eu.

— Você é jovem… você se incomodará?

— Vou tentar.

Chamava-se George. Na casa dos cinquenta e bem vestido — pela irmã — com uma camisa passada, cardigã, gravata de lã e sapatos engraxados. Estava sentado reto com as pernas juntas. As mãos apertavam tanto os braços da poltrona que os nós dos dedos estavam brancos. Ele forçou um sorriso para esconder o medo e a vergonha.

A voz era apagada, assim como os olhos. Ele não estava ali — estaria sedado? Como teria dito vovó: "Não há ninguém em casa, as luzes estão apagadas." Ele tentava me agradar, fazer os exercícios e ampliar o alcance da voz — aquilo não funcionava.

Eu me sentia um fracasso, mas a irmã de George estava encantada. Aparentemente, ele adorava vir para a aula. Aprontava-se horas antes da sessão ... mas não estava melhorando. Eu quis parar, mas precisava do dinheiro!

Então, quando a primavera chegou, eu o vi duas horas antes da aula, sentado na praça do lado de fora de meu apartamento — extasiado, olhando para uma árvore de magnólia florida. E, subitamente *vi* George — ele estava ali, presente e vivo. Estava no Segundo Círculo com as flores.

Depois que George entrou arrastando os pés no apartamento e começamos a aula, perguntei:

— O que as flores fazem você sentir?

— Catedrais — a resposta veio em uma voz tão alta quanto as abóbadas góticas que ele adorava. George me falou sobre as catedrais que visitou. Estava totalmente presente, envolvido e com os olhos focados. — Toda aquela beleza descendo sobre você.

Ele terminou e logo se distanciou de mim e do mundo; mas a paixão pelas catedrais teve presença de palco.

George me ensinou que ela pode ser destravada se você encontra a chave. Uma árvore de magnólia destravou a presença. Não tive a oportunidade ou a capacidade de transferir isso para outras partes da vida dele e temia que vivesse principalmente no Primeiro Círculo — isolado do mundo. Mas por um momento, diante de mim, George teve presença, e então eu soube sem sombra de dúvida o que Shakespeare sabia: todo ser humano tem presença, e é essa energia humana universal que une todos nós.

São os hábitos aprendidos que acabam com a presença natural e a conexão com os outros no mundo. A presença é o estado natural. Seus hábitos são pessoais. George me fez olhar novamente para o mundo e procurar pelos Três Círculos em toda parte.

Foi mais fácil do que pensei. Eles estão ao redor e dentro de nós em todas as interações sociais. Em todos os encontros, notei que uma pessoa vinha de um dos Três Círculos de energia. Independentemente de posições sociais, as que vinham do Segundo Círculo tinham uma qualidade semelhante à presença de palco. Como George e as flores de magnólia, se conectavam e se sentiam "todas ali". O contato com pessoas assim me animava.

Nos trinta anos que se passaram desde que me deparei pela primeira vez com essas energias, eu as ensinei sempre que pude e onde pude. Independentemente de se o desafio era conquistar a confiança de um paciente, administrar uma sala de aula cheia de adolescentes indisciplinados, fechar uma venda, tomar a palavra na Câmara, lidar com repórteres hostis ou sobreviver em uma prisão de segurança máxima, os claros vencedores eram aqueles com presença. Na verdade, você não pode ganhar nada sem ela; mesmo se a obtiver por apenas um momento, é esse momento que lhe mudará a vida. Os chamados "perdedores" só perderam a presença.

Todos podem adquirir essa qualidade fugidia que os atores chamam de "isso". A teoria é fácil de entender — chega a parecer simples —, mas a aplicação exige muita prática, particularmente se você deseja que se torne permanente. Exercícios lhe permitem aperfeiçoar todos os aspectos da presença: postura, respiração, voz, consciência sensorial, escuta, pensamento claro, generosidade de coração e pura coragem. Este livro explica como "permanecer no Segundo Círculo" pode se aplicar a desafios mundanos e a extraordinários desafios de vida.

Sempre que leciono, digo aos alunos que há muitos anos percebi ter descoberto algo novo no mundo. Tudo o que ensino e escrevo a esse respeito já é conhecido. Você realmente "sabe" sobre presença e em algum lugar, talvez bem no íntimo, há uma lembrança dela. Eu realmente sei que este livro reativará sua total presença.

Não se apresse. Vá com calma. Alguns dos exercícios são difíceis, mas não precisa se punir por assim achá-los. Talvez não entenda bem alguns, mas não se preocupe. Ninguém pode apressar o aprendizado profundo. Você notará que usei citações para realçar certas áreas do trabalho. Algumas lhe parecerão incomuns. Aprecie-as mesmo se não entender imediatamente sua relevância, porque mais cedo ou mais tarde poderá compreender.

Tudo o que tem de fazer para mudar a própria vida é trabalhar — e você e eu *trabalharemos*. Mas antes acho que devemos falar mais sobre a presença e o Segundo Círculo e o quão bem você já entende essa energia. Por que precisa dela? Deveríamos nos lembrar de por que perdemos a presença. Você sabe que não teve culpa de ela tê-lo deixado. Alguém ou algo a tirou de você. Agora você vai recuperá-la.

Encontrando sua presença

1
Presença

> Apenas se conecte!
> — E.M. Forster, *Howards End*

Tente se lembrar, não importa o quanto essas lembranças estejam distantes, de experiências do Segundo Círculo: momentos em que você se conectou totalmente com o mundo e recebeu energia de volta. Poderia ser um segundo, um olhar trocado com uma pessoa estranha ou o olhar mais longo e óbvio trocado com um bebê. Lembre-se de um equivalente à magnólia de George ou ao choque e à admiração de encarar um tigre no zoológico.

Lembre-se daquela súbita energia, como um interruptor ligado no corpo, quando está dirigindo um pouco desatento e uma criança atravessa a rua correndo, e você só pode frear se encontrar a presença. Ou pense na energia que sente quando é seguido por um estranho e precisa de presença para se livrar dele. Ou na onda de energia quando troca um breve olhar com alguém que não conhece. Ou naquele momento em que entende uma ideia, a mente se desanuvia e a luz entra — você só pode ser iluminado quando está presente. De igual modo, só pode experimentar uma emoção plenamente se está presente para o sentimento — e se lembra para sempre das texturas dos sentimentos presentes — quando experimenta notícias más, boas ou chocantes.

Ao ler este livro, coloque-se no presente, o que chamo de Segundo Círculo, e comece uma jornada vitalícia comigo para se reconectar. A presença permite a experiência, e todas as mensagens e ferramentas necessárias para sobreviver física, intelectual e emocionalmente são ensinadas quando se está presente.

Essa é a energia da sobrevivência. Quando você não está presente pode correr perigo, independentemente de se numa selva ou mais perto de casa, no trabalho ou com a família.

O Segundo Círculo também é intimidade. Dois seres humanos presentes experimentam juntos intimidade e conhecimento mútuo; um conhece algo da história do outro e, portanto, sua humanidade. Esta pode ser experimentada em um toque, na respiração e na voz — mas é imediatamente sentida e vista com os olhos: as janelas da alma.

Isso explica porque os executores evitam olhar nos olhos das vítimas. Historicamente, os prisioneiros têm as cabeças cobertas por capuzes ou são fuzilados pelas costas. Dizem que um dos motivos de Heinrich Himmler ter ordenado a criação de câmaras de gás para a campanha de limpeza étnica do Terceiro Reich foi evitar a conexão dos soldados alemães com as vítimas. Himmler sabia que essas conexões poderiam sabotar a Solução Final.

Os exércitos são cuidadosamente treinados, em parte para obedecerem a ordens, mas também para serem suficientemente desumanizados em relação a quem ou por que estão matando. Se isso não funcionar, álcool ou drogas funcionarão — é difícil estar presente quando você está "fora de si".

Minha família conta que, na terrível Batalha de Somme, na Primeira Guerra Mundial, meu avô dividiu um cigarro com um soldado alemão inimigo em uma terra de ninguém. Sentados na lama em uma cratera de granada, eles passaram uma hora em silenciosa comunhão. Antes dessa hora de harmonia, tinham se encontrado, baionetas fixas, braços treinados para atacar e matar; mas através de seus medos, uniformes diferentes, capacetes e rostos sujos, trocaram um olhar e simplesmente se sentaram e fumaram um cigarro. Devo acrescentar que essa decisão poderia ter resultado em um assassinato covarde de vovô ao amanhecer — isto é, tanto no fim dele quanto no meu!

Os lutadores treinados com máquinas e tecnologia agora podem matar sem o risco de estarem presentes e com os inimigos. Mas mesmo nas guerras modernas, você ouve histórias parecidas. Quando os soldados se aproximam dos adversários, ficam mais vulneráveis às dúvidas. Aqueles que estiveram perto de qualquer morte tendem mais à antiguerra do que quem ficou na torcida, ausente, afastado do palco dos acontecimentos.

> Se em algum sonho sufocante você também pudesse caminhar
> Atrás do vagão onde nós o jogamos,
> E ver os olhos brancos se revirando em sua face,
> A face que caía, como o vômito pecador do demônio;
> Se você pudesse ouvir, em cada sobressalto, o sangue
> Que vinha borbulhando de seus pulmões pela espuma
>   corrompidos,
> Obsceno como o câncer, amargo como o refluxo
> Das vis, incuráveis feridas nas línguas inocentes,
> Meu amigo, você não diria com tanta alegria
> Às crianças ardentes por alguma glória desesperada,
> A velha Mentira: dulce et decorum est
> Pro patria mori.*
>
> WILFRED OWEN, *Dulce et Decorum Est*

---

* Frase latina que significa "é doce e honroso morrer pela pátria".

Muitos filmes exploram o momento em que um homem durão faz contato visual com a vítima e não consegue matá-la.

A paixão e a luxúria ocorrem em salas apinhadas quando duas pessoas estão totalmente presentes uma para a outra. É isso o que acontece com Romeu e Julieta: uma presença mútua tão forte que é mais real para eles do que a família, o dever e o medo da morte. No presente, você e uma pessoa se veem e mudam; ambos sabem disso. Realmente se encontram, não desviam os olhares. Esse é um acontecimento inebriante e rico que o acompanha mesmo se nunca voltam a se encontrar ou sabem o nome um do outro. Um momento que permanece com você durante anos.

Em 1987, caminhando pela praia no sul da Índia, conheci um estranho que vinha na direção oposta. Nós fizemos contato visual, paramos e conversamos. Andamos juntos, nos sentamos e olhamos para o oceano Índico. Um encontro de duas culturas; um encontro presente.

Como o encontro de meu avô com um soldado inimigo, ficamos juntos por apenas uma hora, depois nos separamos. Não dissemos nossos nomes. Tenho uma foto — preciosa demais para mostrar a alguém. Anos se passaram, mas ainda anseio por estar naquela praia de novo com aquele estranho. Isso só pode ser descrito como amor, e posso apostar que muitos de vocês tiveram experiência parecida, mas não podem falar sobre isso; afinal, quem entenderia? Você estava totalmente presente, e essa lembrança intensifica a falta de presença diária que sente. Não há som mais presente do que o primeiro choro de um bebê. Aquele choro compulsivo diz: "Estou aqui, me ajude!"

Um dia, bem no início, você esteve presente, e da maneira correta. O Rei Lear tem de partir em uma humilhante jornada do poder absoluto para a nua mendicância. Nesse momento, ele sabe e sente a própria presença e sua ligação ao bebê que um dia fora:

... chegamos chorando ao mundo
A respirarmos pela vez primeira, choramos e gememos.

Os bebês e as crianças que começam a andar estão quase sempre presentes. Observe um bebê ou uma criança pequena descobrindo o mundo ao redor e verá energia positiva; depois tenha a experiência emocionante de vê-la o encarando. Nesse momento, até o adulto mais exausto é trazido de volta à vida.

Os livros sobre educação de filhos aconselham os pais a se comunicarem com as crianças pequenas cara a cara. Isso coloca o adulto numa posição em que é mais possível estar presente com o filho. Como a presença é um estado natural das crianças, elas tendem a ouvir mais claramente e responder.

A conexão presente de uma mãe com o bebê é tão poderosa que seu parceiro pode se sentir negligenciado e solitário. Depois que a conexão diminui, algumas mães desejam ter outro bebê para experimentá-la novamente. Um estudo recente da gravidez na adolescência sugeriu que as jovens engravidam repetidamente porque se sentem vivas e necessárias para os bebês. Quando as crianças se afastam delas, têm outro filho para reviver essa sensação — a presença. Até as pessoas com deficiências podem redescobrir o poder do Segundo Círculo.

> Minha querida irmã Susan, após ter sofrido um AVC que lhe causou danos mentais, demonstrou os verdadeiros instintos amorosos.
> Susan, sua filha pequena, minha mãe e eu estávamos caminhando no parque local.
> Depois do trauma do AVC, Susan estava confusa. Perdida bem no fundo do Primeiro Círculo, perambulava pelos caminhos cobertos de folhas, enquanto a filha pequena saltitava animadamente à frente. Chegamos a um lago de patos.
> Essas coisas acontecem muito rápido. Subitamente, Katie estava na água. Agora posso me mover depressa, se necessário,

mas quando afundei a perna à altura do joelho no lago fui surpreendida por um raio de energia dinâmica. *Splash*. Susan tirara a filha da água e a estava abraçando. O surpreendente instinto materno resgatou Susan do esquecimento do Primeiro Círculo para um brilhante Segundo Círculo. O amor a levou para um lugar que as expectativas clínicas haviam julgado impossível.

A literatura mostra exemplos idênticos. Em *Silas Marner*, de George Eliot, um avarento solitário, isolado e desesperado é trazido de volta à vida quando uma criança órfã entra com passos incertos em sua cabana:

> Antigamente havia anjos que vinham e pegavam os homens pela mão e os conduziam para longe da cidade da destruição. Não vemos anjos de asas brancas agora. Mas os homens são conduzidos para longe da destruição ameaçadora: alguém lhes dá a mão e os conduz gentilmente na direção da terra calma e brilhante, de modo que eles não olham mais para trás; e a mão que lhes é dada pode ser a de uma criança.

Os animais, como os bebês e as crianças pequenas, frequentemente têm o mesmo efeito. Na verdade, você percebe regularmente a presença animal. Os cães estão constantemente presentes. Os gatos também, mas fingem não estar interessados na sua presença. Hoje estudos provam que as pessoas que vivem sozinhas com um animal são mais felizes do que as que não têm animais de estimação e ninguém de quem cuidar, ou que cuide delas. A presença de um animal de estimação puxa você para o Segundo Círculo. O animal lhe diz que você é necessário. Essa é uma aceitação partilhada de que sua vida está acontecendo e é importante. Um domador de cavalos aprendeu a estar totalmente presente com o cavalo e o cavalo sente essa energia. O cavalo não é "domado", mas obedece devido a respeito mútuo e igualdade. Em muitas cidades da Grã-Bretanha você vê moradores de rua com os cães, ambos perdidos, mas encontrados um no outro; companheiros de desespero, mas pelo menos presentes um para o outro.

Os grandes artistas trabalham nesse estado. Se você se lembrar de um desempenho dias após o ter visto, significa que o artista estava presente e você também ao receber a obra.

Às vezes você entende a presença devido à ausência. Um astro ausente no palco faz os olhares da plateia se concentrarem em um ator *com* presença — que pode ofuscar um astro de Hollywood que não está usando "isso". O mundo dos espetáculos está cheio de histórias terríveis de astros que fazem atores com papéis menores serem despedidos porque estes têm presença, dividem uma cena com o astro e atraem toda a atenção do público. Também há histórias de atores presentes que têm de se esforçar mais para esconder a falta de carisma de um astro.

É sempre perigoso atuar com uma criança ou um animal no palco. Eles estão constantemente presentes e, a menos que você também esteja, até um cão lhe superará o brilho.

> Quando eu tinha cinco anos, minha mãe me levou ao teatro para ver a comédia de Shakespeare *Os dois cavalheiros de Verona*. Na peça, há um cão chamado Crab. Ele divide duas cenas com um personagem chamado Launce. Não me lembro do desempenho do ator, mas deve ter sido um desses desempenhos caricaturais exagerados sem ligação com nenhuma verdade humana. Depois da peça, perguntei a ela: "Por que o cão era real e o homem não?"

Os grandes atletas vencem com presença. Todos os grandes sucessos nos esportes envolvem-na, enquanto todos os fracassos relacionam-se com a momentânea falta dela. Ninguém ganha uma medalha de ouro sem um talento fantástico e habilidade física, mas um campeão também tem enorme capacidade de permanecer concentrado no presente. Observe atletas se alinhando para uma corrida e note os que se distraem com um movimento na multidão ou uma largada queimada. Observe um ótimo jogador de tênis perdendo um jogo importante porque se distraiu com um barulho qualquer. Observe uma equipe falhar porque um dos membros não consegue estar devidamente presente.

Todo grande comunicador fala a partir desse lugar. Para o bem ou o mal, os grandes oradores podem mudar o mundo. Os poderosos líderes de países ou empresas têm presença. Martin Luther King Jr. e Adolf Hitler podem ser tomados como exemplos de pontos opostos da escala. Durante uma crise, um líder com presença é essencial. Aqueles que estão sendo liderados só se sentem seguros e confiantes se conectados com os líderes. Os ingleses precisavam de Winston Churchill na Segunda Guerra Mundial e os Estados Unidos precisavam de John F. Kennedy durante a crise dos mísseis de Cuba. Ambos tinham forte presença e lideraram seus países em meio à crise.

As pessoas com grande capacidade de curar só podem fazê-lo totalmente se estiverem presentes com os pacientes. Frequentemente o trabalho humanitário é feito por quem viu o sofrimento dos outros e sente verdadeira empatia para com eles.

Um exemplo disso é uma reformadora do século XIX chamada Elizabeth Fry. Essa mulher corajosa, criticada por outras da época por ter papel social tão influente e negligenciar os deveres como esposa, ajudou a reformar as prisões da Grã-Bretanha. Em 1812, ela visitou a Newgate Prison e realmente viu as horríveis condições em que as pessoas eram mantidas, mesmo antes dos julgamentos. Momento que mudou Fry e, finalmente, o sistema penal. Essa mulher privilegiada deve ter estado no Segundo Círculo para enxergar o sofrimento daqueles que a maioria das mulheres da mesma classe social consideraria seres inferiores.

Se você quiser que os outros sejam felizes, pratique a compaixão. Se quiser ser feliz, pratique a compaixão.

— Dalai Lama

Os líderes espirituais estão presentes; se não estão, desconfiamos instintivamente de sua espiritualidade e ensinamentos. Mas mesmo na vida diária nenhum relacionamento pode funcionar sem parceiros, família e colegas de trabalho presentes uns com os outros.

Lembra-se dos professores que lhe mudaram a vida? Eles estavam presentes, e por meio dessa energia fizeram-no se conectar com o aprendizado. Mesmo se você começou sem nenhum interesse particular na matéria, eles o atraíram com a paixão e a energia. De modo inverso, você pode ter tido a experiência de adorar uma disciplina, mas, como o professor era entediante ou não tinha presença, a paixão foi diminuída, senão perdida para sempre.

Estar presente é ao mesmo tempo emocionante, inspirador, cativante, surpreendente e até assustador. É a energia de saber que está vivo, a energia daqueles momentos sobre os quais os escritores escrevem, os cantores cantam e os moribundos lembram nos leitos de morte. Todos nós ansiamos por estar presentes e encontrar outras pessoas que também o estão. Somos solitários sem esses encontros. A presença lhe permite honrar, entender e ter empatia para com as pessoas. A de um líder inspira confiança nos seguidores. A de um pai faz os filhos se sentirem amados e seguros. A da pessoa amada nos emociona e satisfaz. Quando totalmente presente na vida espiritual, você encontra o divino.

Pense nisto: você sabe quando os outros não estão presentes. Sente-se ignorado, rejeitado, sem importância e à parte do ambiente. Sente-se só em um relacionamento quando o(a) parceiro(a) não está presente com você. O ato sexual se torna apenas sexo.

Um jantar à luz de velas se torna solitário e perturbador quando um não está presente — ou ambos. Entrar em uma festa em que ninguém o reconhece se torna uma experiência humilhante. As ruas do bairro são perigosas quando você anda por elas sem estar presente para os outros. A reunião no trabalho é exasperante quando você fala e ninguém o escuta. Um médico falando sobre seu corpo e bem-estar sem se conectar com você é alarmante. Um sacerdote não presente no funeral de um ente querido, discursando sobre generalidades, piora o sofrimento. Ninguém pode trabalhar — estar com parceiros, filhos, amigos ou colegas — sem que ambas as partes estejam totalmente presentes. Portanto, se você sabe quando os outros não estão presentes, eles também sabem quando você não está!

Quando li pela primeira vez a Bíblia, intrigou-me que Deus tivesse perguntado a Adão no Jardim do Éden: "Onde estás, Adão?" Com seis anos de idade, não podia entender por que Deus, que tudo vê, não via Adão escondido atrás de uma árvore. Muito tempo depois percebi que Deus estava fazendo a Adão uma pergunta sobre presença, onde ele estava em si mesmo. Deus pediu a Adão para estar presente, desperto, vivo e consciente dos atos: "Onde estás?" Adão não estava ali.

A presença é a energia própria que o conecta com o mundo exterior. É essencial para a sobrevivência quando se é ameaçado. É o centro da intimidade entre as pessoas, e embora se possa viver ausente no mundo interior, isso fará o exterior em que vive parecer triste, sem graça e trivial. É quando você está totalmente presente que faz o melhor trabalho e causa a mais profunda impressão.

Você também perceberá que estar presente na vida é crucial não só para o próprio bem-estar como para o de todos que o cercam. É um ato de comunhão, de intimidade pessoal com os outros. Permite-lhe não só o sucesso individual como também o de uma família, sociedade e equipe. É disso que se trata estar no Segundo Círculo.

> Vivemos com o que recebemos, mas marcamos a vida com o que damos.
> — Sir Winston Churchill

2
Como a presença é perdida?

Algumas pessoas, frequentemente por necessidade de controle, não lhe desejam a presença, por isso a anulam em você. Em outras ocasiões, a vida é fácil demais, então por que se dar o trabalho de estar presente? E às vezes a vida é tão difícil que é preciso desligar a força vital apenas para parar de sofrer.

De nenhuma das situações anteriores você é culpado, mas tem o poder de recuperar a presença, particularmente se sente que a vida está sem sentido, intensidade e alegria. O que lhe impede a presença pode parecer fora do controle imediato.

A urbanidade enche a vida de estranhos. Estar presente com todos eles é impossível e até perigoso. Antropólogos sugerem que a espécie humana não está programada para encontrar milhares de pessoas. Estamos programados para encontrar e conhecer algumas centenas delas na vida, e não em uma base diária. Não admira que, quando você passa apressadamente por multidões na rua, é espremido em um vagão de trem, trabalha em uma empresa em que poucos sabem seu nome ou é educado em uma escola e universidade em que suspeita que ninguém notará se você faltar, isso lhe possa interromper a presença. Portanto, ao passar apressadamente por multidões, a tentação é de se fechar ainda mais. Sempre estará mais presente em ambientes rurais, em uma estrada no campo ou cumprimentando alguns transeuntes, notando-os e notando o mundo ao redor. Ali é possível se reconectar com a natureza, e sua natureza presente.

Paradoxalmente, muitos dos confortos e das conveniências da vida moderna são obstáculos à presença; quaisquer ameaças à sobrevivência exigem total e imediata atenção. Quando confrontado com o perigo, não há possibilidade de você *não* estar presente. A perda do contato com a natureza e o conforto que a tecnologia proporciona nos tornaram preguiçosos em relação às necessidades imediatas de sobrevivência, entorpecendo-nos os sentidos. Os aparelhos que visam a nos conectar ao mundo — computadores, televisões, carros e celulares — servem para nos isolar, tornando os contatos mais numerosos e, portanto, mais superficiais.

Uma imagem que tenho do estilo de vida no século XXI é a de que estamos totalmente relaxados em um grande e acolchoado divã, e esse conforto torna mais difícil para nós levantar e enfrentar a chegada de um intruso à casa. O conforto adormeceu-nos a presença para a sobrevivência. Muitos de nós somos como gatos gordos, seguros ao pé da lareira, com as patas e garras escondidas sob os queixos.

Alguns anos atrás, eu estava trabalhando com os hopis, povo indígena americano. Um dos anciãos disse algo muito simples e direto de que me lembro até hoje. Ele observou que os hopis, sendo nômades, buscam privações; se a vida fica fácil demais em certo ambiente, eles se mudam para um lugar e uma vida mais difícil.

— Por quê? — perguntei.

— Se a vida é muito fácil, você perde a alegria.

Ninguém em nossa sociedade deseja ter uma vida mais difícil. Portanto, para experimentarmos a presença e a alegria, precisamos passar um tempo todos os dias no presente, livres dos confortos do estilo de vida que pode tão facilmente suprimir a presença.

A perda da presença na sociedade em geral significa que a economia prospera. O materialismo, até certo ponto, exige que o consumidor não esteja totalmente presente ou feliz. Nos momentos de um frenesi de compras, você se sente mais vivo se gastar, gastar e gastar em busca da felicidade. Por um curto período, a compra de roupas, sapatos, uma casa, um carro e uma nova cozinha lhe ancoram a vida em um lugar com um sentido.

Você também pode perder a presença devido à dor física, emocional, intelectual ou espiritual. Na dor, a tendência natural e necessária é aliviá-la tirando toda a atenção do mundo ou o afastando de nós. Se não voltarmos quando a dor diminuir, poderemos permanecer desconectados pelo resto da vida. Assim, uma dor antiga pode distanciar você para sempre.

Todos nós sabemos que um dos melhores modos de interromper a dor e a presença é beber ou usar drogas. Um dos motivos pelos quais os bêbados são perigosos e entediantes é que não estão ali com você, mas perdidos em outro mundo. Dirigir bêbado é destrutivo porque você não está presente na estrada e no trânsito ao redor. Não está em um lugar de sobrevivência, e sua incapacidade de sobreviver pode prejudicar os outros.

Os casamentos falham quando os parceiros não sentem mais a intimidade de estar presentes um com o outro. Os casos extraconjugais são iniciados em uma tentativa de recuperar a excitação da intimidade. As crianças perdem contato com os pais, e vice-versa, quando não há um momento de vida presente na família.

Você muda de carreira, viaja, pratica esportes radicais, faz cirurgia plástica, dirige carros velozes, tira férias exóticas ou redecora a casa, constantemente buscando presença. Essas estratégias podem funcionar por uma hora, um dia ou um ano, mas não impedirão a morte interior. Para isso, você tem de tentar entender a energia e estar presente no Segundo Círculo.

3
Os Três Círculos de Energia

> Ultrapassar os limites não é um erro menor do que ficar aquém deles.
>
> — Confúcio

Um movimento natural de energia deve sempre ocorrer em você. No corpo, na respiração e na voz; como se ouve, pensa e sente. Você sente essa energia e os outros a sentem ao seu redor. É totalmente palpável. Leia cuidadosamente a lista a seguir:

- Os Três Círculos de Energia descrevem os três modos básicos pelos quais a energia humana se move.
- O movimento da energia é em todo o corpo, respiração, voz, e como se ouve, pensa e sente.
- Você e os outros ao seu redor sentem essa energia. Assim, ela é totalmente palpável.
- Você pode se mover em segundos por todos os Três Círculos. A rapidez e as mudanças na energia podem ser surpreendentes.
- Você precisa ser capaz de acessar todos os Três Círculos no decorrer do dia.
- Os Três Círculos descrevem a energia, não o conteúdo dela. Por isso, você pode experimentar qualquer pensamento

ou emoção em todos os Círculos com diferentes graus de intensidade.
○ Você tem um Círculo favorito, que lhe é habitual, e é essa energia favorita que bloqueia a presença.

Por favor, lembre-se de que o estado de presença é um direito inato. Portanto, ao descobrir a energia em que vive, não se desespere. Esse direito superará o hábito.

Estou deliberadamente resumindo o Primeiro e o Terceiro Círculos antes de falar sobre o Segundo. Aqueles o afastam da presença natural do Segundo Círculo. Como todos nós o almejamos, este é o último que examinaremos no capítulo.

Primeiro Círculo: o Círculo do eu e do distanciamento

Nele, todo o foco é para dentro. A energia que gera volta para você. O Primeiro Círculo absorve a energia das outras pessoas e puxa para dentro todos os estímulos externos. Quando no Primeiro Círculo, você não é muito observador ou perceptivo em relação ao que existe fora de si mesmo. Isto só o interessa como um meio de aclará-lo, e não o mundo ao redor.

Na melhor das hipóteses, o Primeiro Círculo é a energia da introspecção e reflexão. Às vezes ela é útil, mas viver predominantemente no Primeiro Círculo é bastante limitador, senão incapacitante. Você pode ser visto como egocêntrico, negligente e fechado em si mesmo, e tender a esgotar em vez de animar os outros. O poder e impacto pessoal no mundo são comprometidos e você se torna vulnerável a ser vitimado.

Você está no Primeiro Círculo se:

- Encontra-se distante fisicamente de pessoas, sentimentos ou ideias.
- Descobre que está prendendo a respiração ou com ela rápida e rasa.
- Pedem-lhe que repita o que disse.
- As pessoas se inclinam para a frente para ouvi-lo ou notá-lo.
- É usualmente ignorado e não o percebem quando sai de uma sala.
- Sente-se deixado de fora.
- Frequentemente se sente inibido.
- Usa roupas que o ajudam a não ser notado.

Puxando energia para dentro, você diminui o próprio impacto no mundo, mas também se põe em perigo por não observar totalmente o ambiente.

O Primeiro Círculo é útil quando não se deseja ser notado. Você pode ver os mais brilhantes atores usando essa energia quando tentam sair do palco sem serem parados para dar autógrafos. Uma história famosa sobre Marilyn Monroe conta que ela estava fazendo compras com uma amiga em uma loja cheia de gente. A amiga ficou surpresa por ninguém tê-la reconhecido. Então a atriz lhe mostrou como podia *ser* subitamente Marilyn: ela "se conectou" e logo foi cercada de fãs. Transferiu-se do Primeiro Círculo para a presença e foi imediatamente notada.

Se você vive constantemente no Primeiro Círculo, sua paixão pela vida se apagou. Você é tímido.

Ao ler este livro, pode perceber que, quando se dedica totalmente a um hobby ou uma paixão, abandona o Primeiro Círculo e fica presente. Os grandes escritores podem ser tímidos em público, mas escrevem os próprios livros com plena presença.

Você pode estar no Primeiro Círculo porque teve a presença afugentada por críticas, atenção não desejada ou abuso. Aprendeu a se tornar invisível e não ser notado.

Terceiro Círculo: o Círculo do blefe e da força

No Terceiro Círculo, toda a energia se move para fora, sem ser dirigida a um alvo específico. É como se a estivesse borrifando no mundo com uma lata de aerossol. A atenção não está em si mesmo. Contudo, falta-lhe precisão e você não se concentra em detalhes. Está vagamente conectado com todas as situações, mas não percebe as nuances. O mundo é uma plateia à meia-luz para a qual representa.

No Terceiro Círculo você atrai atenção e pode até causar uma boa primeira impressão. Isso é útil em situações em que precisa se envolver superficialmente com pessoas em grupos e obter imediata aceitação ou cooperação. É bom para animar festas e arregimentar tropas. A desvantagem é que não se envolvendo especificamente com nada não pode receber energia em troca. Não há intimidade; as pessoas sentem que não são realmente importantes para você e, por isso, essa energia é impessoal para elas. No Terceiro Círculo, você pode falar eloquentemente, parecer entusiasmado e charmoso, mas não ouve bem. Olha através das pessoas em vez de para elas, deslizando à superfície de todas as interações.

O Terceiro Círculo é um poderoso escudo, às vezes necessário, que protege você e sua vulnerabilidade das intrusões do mundo. Contudo, se esse estado é a norma, você não está recebendo nenhuma energia do mundo. Está só e lutando para controlar a vida sem permitir que ninguém o ajude. Na pior das hipóteses, as pessoas o consideram insensível, arrogante e dominador.

Você está no Terceiro Círculo se:

- Nota que as pessoas estão se afastando ou abrindo espaço para você.
- Vê-se ocupando mais espaço do que precisa.
- Respira ruidosamente, puxando o ar para dentro do corpo e tirando o oxigênio dos outros.
- Frequentemente lhe dizem que está falando ou rindo alto demais.
- Não nota realmente as pessoas com quem está falando ou o espaço em que se encontra.
- Não nota se as pessoas estão se divertindo como você.
- Sente que tem de injetar energia em todos os eventos sociais, a qualquer custo — seu e dos outros.
- Toma a frente de uma discussão mesmo se só ouviu uma pequena parte do que está sendo discutido, sendo acusado de interromper os outros.
- Usa roupas que o fazem ser notado.

O Terceiro Círculo tem utilidades. Você pode entrar nele para se proteger, canalizar a energia para fora de si mesmo e pressionar os outros. Passar por uma multidão é um exemplo físico disso. Ouço uma voz alta vindo a mim e a sigo. A voz alta é uma indicação do Terceiro Círculo, e o indivíduo com essa voz não tem problemas em se impor aos outros. A energia do Terceiro Círculo pode impedir uma conversa ou intrusão indesejada e defender-lhe a privacidade. Você pode ser agradável e entusiástico sem se comprometer totalmente com as pessoas.

As pessoas que trabalham no setor de serviços costumam ser altamente habilidosas no Terceiro Círculo. Têm um falso charme e interesse por centenas de outras. Na verdade, é impossível ser assim e ainda estar totalmente presente para esses estranhos. Portanto, a solução é esse Círculo. A realeza e as celebridades mantêm distância do público com a energia do Terceiro Círculo, afastando os estranhos. Nesses casos, fingem intimidade, mas permanecem na defensiva.

Se você adquiriu o hábito de permanecer no Terceiro Círculo, provavelmente é porque foi posto contra a parede em algum momento da vida e reagiu! Desejava desesperadamente ser sentido e visto, não diminuído e ignorado.

Talvez agora perceba que não tem de lutar o tempo todo.

Segundo Círculo: a energia da conexão

No Segundo Círculo, a energia é concentrada. Move-se na direção do objeto da atenção, tocando-o e recebendo energia dele. Você vive em uma rua de mão dupla — dá e recebe, reagindo e se comunicando livremente. Está no presente e, momento a momento, dá e recebe. Dar e receber, nesses instantes, se equiparam um ao outro. No Segundo Círculo, você toca e influi nas pessoas, em vez de apenas lhes impor a vontade. Influi nelas permitindo-lhes o inverso. Ouve-as e assimila o que realmente estão dizendo. A energia do Segundo Círculo, quando positiva, é generosa. Cria intimidade.

Quando o poder e a precisão da energia desse Círculo se alimentam de malícia ou emoções mais sombrias, quem a recebe está realmente em perigo. O Segundo Círculo é inadequado quando atinge os que não querem se envolver totalmente com você. Aqueles que não têm uma rota de fuga clara (como estudantes ou empregados) a considerarão invasiva.

A presença positiva do Segundo Círculo é o modo mais poderoso, criativo e íntimo de se envolver com o mundo. A arte de estar presente é a de operar no Segundo Círculo.

Você sabe que está no Segundo Círculo se:

- Sente-se centrado e alerta.
- Sente que o corpo lhe pertence.

Os Três Círculos de Energia 43

- Sente a terra sob os pés.
- Sente a respiração fácil e completa.
- Sabe que alcança as pessoas e que elas o ouvem quando fala.
- Nota detalhes nos outros — olhos, humor e ansiedades.
- É curioso em relação a uma nova ideia — não julgador.
- Ouve claramente.
- Reconhece os sentimentos alheios.
- Vê, ouve, cheira e toca algo novo, que concentra essa energia em todas as suas partes.

No Segundo Círculo você é notado, ouvido, lembrado — e poderoso. Vamos voltar e começar a avaliar o quão perigoso esse poder presente poderia ser para os outros ao redor.

Um pai fraco não quer realmente que o filho o desafie com presença. É dito para as crianças que não olhem ou demonstrem muito interesse por certas coisas. Fatores culturais entram em ação. Algumas mulheres são punidas por não estarem no Primeiro Círculo. Em alguns países, a manifestação da emoção do Segundo Círculo é encorajada; em outros, é considerada de mau gosto. Em algumas famílias, certos assuntos nunca são discutidos no Segundo Círculo. Quando lecionei pela primeira vez na Índia, percebi que estava pedindo às professoras para ficarem nesse Círculo, o que era totalmente contra o costume. Fiquei igualmente chocada de ensiná-lo para russos expressivos emocionalmente — muito diferentes dos menos expressivos congêneres ingleses.

Eu lhe digo tudo isso para torná-lo extremamente consciente do quanto você pode ser esperto escondendo o Segundo Círculo.

Lembre-se da experiência de estar em uma festa conversando com uma pessoa que se sente obrigado a agradar, e de se sentir entediado, mas ser gentil demais para se afastar, mesmo quando está mais interessado em alguém do outro lado da sala. Você representa e mascara um charmoso Terceiro Círculo para a pessoa com quem está, mas a energia do Segundo Círculo está ligada àquela do outro lado da sala. Não precisa olhá-la; pode senti-la e se conectar com ela através do espaço com a energia do Segundo Círculo. E quanto àquelas ocasiões em que você ouve por acaso pessoas fofocando? Deseja ouvir o que estão dizendo mas sabe que não o incluirão na conversa. Então age como se estivesse concentrado em uma tarefa, como arrumar a escrivaninha, mas a verdadeira energia do Segundo Círculo está naquela conversa.

Aprendi muito rápido, quando comecei a ensinar crianças com problemas de fala, a fazê-las me ajudar fisicamente com tarefas como empilhar livros ou picar cenouras — qualquer coisa que as fizesse pensar que eu não estava totalmente focada nelas. Assim, elas se sentiam livres de um exame minucioso do problema da fala e, em 80 por cento do tempo, essa liberdade lhes permitia falar sem problemas. Nós conversávamos e depois de algum tempo eu dizia: "Você não gagueja há vinte minutos." E elas não haviam gaguejado!

Historicamente, os criados tiveram de aprender a representar essa mistura de energias para servir sem se intrometer, e isso é uma forma de sobrevivência. É um modo de manter o emprego com patrões difíceis e exigentes. Um bom garçom o serve com atenção no almoço, aparentemente sem ouvir a conversa, mas na verdade atento a todas as necessidades. Ele se coloca deliberadamente no Primeiro Círculo, mas mascara uma forte atenção do Segundo Círculo em você.

Mamãe era ótima em escutar às escondidas. Ao voltar de refeições familiares em restaurantes, contava em detalhes as conversas ocorridas nas mesas ao redor. Um triste reflexo do interesse nas conversas da própria família!

Recentemente, uma amiga e eu tivemos uma discussão muito intensa e reveladora no banco de trás de um táxi. Nenhuma de nós notou o motorista; ele parecia totalmente preocupado em dirigir. Mas quando ela saiu do táxi, ele se virou para mim e fez um comentário sobre o que estávamos discutindo. Eu me senti tola e enganada. Esquecendo-me da presença — embora bem disfarçada — do motorista, fornecera a um estranho informações íntimas sobre nossas vidas.

A moda da "indiferença" é uma manifestação física estudada do Primeiro Círculo. Sendo o Primeiro real, no estado de indiferença você não tem consciência de ninguém ao redor. Está totalmente envolvido consigo mesmo. Na maioria das vezes, a indiferença é uma fachada desse Círculo que esconde a grande atenção do Segundo Círculo ao mundo. Há um indício histórico de que o termo "indiferença" provém do escravo negro americano que não ousava olhar para o dono ou desafiá-lo — e muito menos à dona. A fachada de "indiferença" é uma manifestação de impotência física, para evitar a punição, mas na verdade permanecer altamente sintonizado no Segundo Círculo e sobreviver a um dono cruel. Sentado em um trem em Londres ou metrô em Nova York tarde da noite, é aconselhável que você manifeste o Primeiro Círculo, mas permaneça alerta a todo o vagão no Segundo. Ensinando em prisões, vi essa energia se misturar muito claramente. A maioria dos presos não deseja se meter em encrencas, por isso finge estar no Primeiro Círculo, mas na verdade deve estar no Segundo.

A indiferença só é destrutiva se o fecha totalmente no Primeiro Círculo. Você pode observar isso em crianças privilegiadas, que o manifestam porque têm uma alta compreensão dos níveis de energia, sem ao menos saber que deveriam permanecer atentas para sobreviver.

Quando o ensinei a grupos de prostitutas, elas entenderam bem essa mistura de energias. Têm de agradar os clientes, por isso fingem uma conexão íntima com eles no Segundo Círculo. Na verdade, sobrevivem permanecendo no Segundo Círculo no próprio ambiente e no Primeiro com os clientes. Elas não têm interesse em intimidade com um cliente pagante. Pagar por sexo é uma transação desprovida de igualdade. Nesse negócio, é discutível quem realmente detém o controle. As prostitutas de luxo podem achar que são elas, e as mais desesperadas e menos protegidas achar o contrário. À medida que se vai trabalhando mais no Segundo Círculo, sabe-se quando os outros estão fingindo uma energia, mas só se se está mesmo no Segundo Círculo.

O que você é? Onde está?

Acho que a esta altura você tem uma boa ideia de seu Círculo favorito e da frequência com que está presente no mundo. Por favor, lembre-se de que usa todos os Círculos, mas um deles lhe é habitual. Faça uma lista de todas as pessoas que lhe são importantes na vida. Eis um exemplo:

Pais	Parceiros	Professores	Amigos
Filhos	Irmãos	Colegas	

Há um padrão específico de energia na interação com cada uma dessas pessoas? Quem está presente com você? Quem lhe permite a presença? Quem a bloqueia?

Eis algumas perguntas a considerar:

Você experimenta a intimidade e igualdade do Segundo
   Círculo com todos? Com quem?
Com que frequência?
O Segundo Círculo o assusta? Ou o emociona?
Você confia no Segundo Círculo?

Pode amar no Segundo Círculo?
Há tarefas que o tornam ausente?
Há esportes ou passatempos que o concentram no Segundo Círculo?

Não espero que você seja capaz de responder a todas essas perguntas imediatamente, mas acho que responder a pelo menos três ou quatro delas começará a juntar as peças de um quebra-cabeça, ou uma janela de vitral. Fará surgir um padrão e uma forma de energia, e com isso uma consciência dos padrões ao redor.

Durante dias, semanas e até mesmo anos, você encontrará respostas para mais dessas perguntas, e com essas começará a entender o impacto que tem no mundo e que este tem em você. Começará a mudar os hábitos a que está preso e a mover energia em si mesmo e nos outros com facilidade e fluidez.

4
Como entrar no Segundo Círculo

Há certos assuntos que fazem muitas pessoas se remexerem nas próprias cadeiras. Isso é um claro sinal de desconforto, se não de aflição. Não é maravilhoso que as ideias possam produzir essas reações físicas? O desconforto provém do medo, e o medo pode provocar reações automáticas até no indivíduo mais racional.

Quais são esses assuntos, e por que estou apresentando ideias que causarão aflição? Primeiro, vamos aos assuntos:

Mudança: bem, muitas pessoas não gostam de mudar, isso é inevitável. Mesmo se os hábitos arraigados *parecem* seguros, não o são;

Poder: muitos se assustam com o poder, confundindo-o com força, e mesmo quem o detém se sente desconfortável discutindo-o. Todos os medos profundos do poder se devem ao possível mau uso por nós ou contra nós;

Gênero: tanto os homens quanto as mulheres estão cansados de discutir as diferenças, mas as questões básicas ainda não foram resolvidas, só reposicionadas.

Por que me sinto compelida a discutir esses assuntos? Bem, a presença do Segundo Círculo tem a ver com estar no momento, e isso o mantém aberto à mudança. Estar presente é estar constantemente em processo de transformação. Portanto, ter intimidade com outra pessoa no Segundo Círculo exige que ambas as partes saibam que são iguais. Ninguém pode presumir superioridade na intimidade. Daí as discussões sobre poder e gênero.

Por favor, não se sinta desconfortável, mas tente ser paciente comigo.

Transformação

A transformação é desconfortável e, de modo totalmente prático, exige lembretes constantes no corpo, na mente e no coração. Mesmo aparentemente pequenas, as mudanças menos importantes podem levar tempo. Recentemente, mandei abaixar o chão da cozinha, o que fez um dos degraus ficar mais alto. Foi muito difícil treinar o corpo para se realinhar com aqueles 5 centímetros a mais. Quando eu descia o degrau, constantemente perdia o equilíbrio e, quando subia, tropeçava. Tive de fazer um esforço consciente para lidar com um degrau de cozinha.

Uma amiga que havia sido ginasta e depois foi praticar mergulho teve de se concentrar muito para entrar na água de cabeça. O corpo dela fora treinado para parar em pé depois de um salto mortal. O conceito de entrar na água na posição contrária exigia total concentração.

Meu ex-marido, um homem muito visual, notou, horrorizado, que quando eu via quadros em galerias lia o título antes de olhar para a obra. Demorei anos para perder esse hábito. Tenho de confessar que agora aprecio mais os quadros olhando primeiro para eles do que para os títulos.

Esses exemplos são realmente triviais, mas você deve reconhecer que a maioria desses hábitos de energia se desenvolveu para a sua sobrevivência. Por isso, liberar um aspecto diferente e talvez mais real de si mesmo exige coragem e certo desconforto.

Você pode ter ouvido falar no círculo de fogo — uma imagem usada em métodos de cura alternativa. Muitos de nós estamos metaforicamente em pé em um círculo de fogo. Os ataques da vida nos empurraram através de uma parede de fogo, e cá estamos, no meio de um círculo de chamas. O enigma que enfrentamos no círculo é: deveríamos passar o restante da vida muito desconfortáveis, ardendo no fogo, ou ter coragem de atravessar novamente a parede de chamas, experimentando uma breve sensação de queimação, para nos livrarmos dele?

Os benefícios de estar no Segundo Círculo são infinitos, mas a transformação pode parecer uma jornada através de uma parede em chamas. Uma pessoa com o hábito de permanecer no Terceiro Círculo pode se sentir muito exposta e vulnerável ao se mover para o Segundo.

A mudança do Terceiro para o Segundo Círculo

Se você se considera uma pessoa do Terceiro Círculo, essa transformação será particularmente problemática se acreditar que ele representa seu poder e o defende. Bem no íntimo, pode se achar superior à família, aos colegas ou vizinhos.

Talvez acredite que, nele, está protegido de ataques, relacionamentos emocionais, julgamentos e fracassos. Até certo ponto, o Terceiro Círculo realmente é um escudo contra isso. Contudo, você já pode ter percebido que essa defesa também o impede de ter qualquer envolvimento significativo, e portanto provavelmente se sente solitário quando nesse estado por longos períodos.

No Terceiro Círculo, você se impõe ao mundo antes que o mundo possa encontrá-lo, magoá-lo ou amá-lo. Sente-se com mais controle, mas na verdade está usando força para abrir caminho e deve saber que, pelas costas, pode haver uma insurreição no trabalho ou em casa. Você é capaz de intimidar as pessoas ao redor e interpretar erradamente a reação delas como respeito. A energia do Terceiro Círculo é difícil de respeitar porque não permite aos outros contribuir com nada para você, o que raramente é apreciado. As pessoas que permanecem ao seu redor por algum tempo o fazem não por vontade própria, mas porque você as controla. A rua de mão dupla do Segundo Círculo não existe para você. É possível que tenha se convencido de que não precisa de ninguém, e de que a solidão é uma escolha.

Ao entrar no Segundo Círculo, você sentirá que está renunciando ao poder, mas na verdade está renunciando à força bruta, e seu status aumentará. Admitir a igualdade com os outros inevitavelmente parecerá desconfortável, mas se permanecer no Segundo Círculo, mesmo que por pouco tempo, você descobrirá qualidades em quem nunca observou ou realmente conheceu. Isso só pode ser bom para a sobrevivência e o bem-estar de todos.

No Segundo Círculo, começará a formar relacionamentos afetivos de qualidade — mesmo com pessoas que conhece superficialmente há anos — e a notar as verdadeiras reações dos outros a você. Com essa clareza, você terá mais sucesso nos relacionamentos pessoais e profissionais — pode até ser promovido. Toda a vulnerabilidade extra que oferece será recompensada com mais satisfação na vida.

Você pode ser uma daquelas pessoas que usam a energia para esconder uma sensação profunda de inferioridade. É a antítese direta da energia superior do Terceiro Círculo, cheio de falso entusiasmo, charme e alegria constantes, e a abrasadora sensação de desconforto repleta de medo de ser ignorado ou detestado.

Talvez você tema que a mudança para o Segundo Círculo revele que não é apreciado. Todos sabemos que é inviável fazer os outros gostarem de nós. Eles gostam ou não; mas é mais possível gostar das pessoas no Segundo Círculo porque elas estão lá para nós.

O charme e o entusiasmo constantes do Terceiro Círculo são cansativos para você e para os outros. Quando começar a mudar para o Segundo, descobrirá que muitos estão mais dispostos a se ligar a você, e que os que conhece superficialmente desaparecerão. No Segundo Círculo, você está menos sujeito a ataques e, caso precise, poderá erguer rapidamente o escudo do Terceiro Círculo.

A mudança do Primeiro para o Segundo Círculo

A mudança da energia do Primeiro para a do Segundo Círculo apresenta outros problemas. O medo é de que você seja notado e até mesmo que lhe peçam para participar. No Primeiro Círculo você pode se sentir solitário, mas também se sente seguro e não tem de se envolver, partilhar ou assumir a responsabilidade pela presença no mundo. Ao entrar no Segundo Círculo, será sentido e poderá ter de examinar e enfrentar o que o fez se afastar dele. Talvez algum tipo de crítica ou, pior ainda, abuso. Tenha em mente que, se não voltar para o Segundo Círculo, a negatividade que o fez se retirar vencerá. A vida o ofuscará, em vez de reanimá-lo.

Mesmo após um curto período no Segundo Círculo, a inibição começará a diminuir e os outros o acharão mais eficiente e digno de crédito. Pouco a pouco, você se sentirá mais útil e reconhecido no mundo, e será notado de um modo positivo.

Ou você pode ser um daqueles do Primeiro Círculo que realmente não se dão o trabalho de se juntar ao mundo. Talvez as pessoas ao redor até se sintam inferiores a você. Ou tenha usado com perícia uma aura de indiferença desse Círculo para esconder a paixão. O problema com isso é que não se pode confiar em você, e essa energia acabará pondo-lhe fim às paixões.

Se liderar um grupo de pessoas no Primeiro Círculo, essa energia enfraquecerá a delas, e a produtividade de todos diminuirá. Os grandes líderes estão no Segundo Círculo com as próprias paixões, de modo que você, no Primeiro, só pode produzir mediocridade em si mesmo e nos outros.

Ao entrar no Segundo Círculo, você talvez se sinta ridículo, humilhado e exposto, mas a vida terá mais textura, cor e divertimento. Será capaz de avaliar melhor os sentimentos dos outros e entender os próprios. Sob extrema ameaça, sempre poderá se refugiar voluntariamente na segurança do Primeiro Círculo.

Estou deixando a transformação com duas citações.

A maior parte das defesas do Terceiro e Primeiro Círculos foram construídas com medo de seriedade e medo de alegria, e ambos levam ao cinismo, que é o grito de morte da criatividade.

> Cínico é aquele que conhece o preço de tudo mas não reconhece o valor de nada.
> — Oscar Wilde

> O poder de observação aguda é comumente chamado de cinismo por aqueles que não o têm.
> — George Bernard Shaw

Poder

> Quase todos os homens podem suportar a adversidade, mas se você deseja testar o caráter de um homem, dê-lhe poder.
> — ABRAHAM LINCOLN

O poder só testa o caráter porque seu mau uso é muito tentador. Consequentemente, paramos de ter empatia para com os sentimentos das pessoas, tolerar-lhes as ideias, aceitar-lhes os direitos e, na pior das hipóteses, a humanidade. Estou certa de que o único modo de nos igualarmos aos outros no poder é por meio da energia do Segundo Círculo. O poder igual e a conexão e a comunicação humanas significativas e que mudam vidas ocorrem quando duas pessoas, ou um grupo, estão juntas na energia do Segundo Círculo.

Presentes umas com as outras, são iguais e estão em harmonia, e essa conexão é a real definição de intimidade. Todos nessa energia são conectados e transformados. Juntos nesse Círculo, se veem, se conhecem e têm uma chance única de entender sua humanidade.

> O encontro de duas personalidades se assemelha ao contato de duas substâncias químicas: se alguma reação ocorre, ambas sofrem uma transformação.
> — CARL JUNG

Por outro lado, todo relacionamento destrutivo, pessoal ou profissional, apresenta uma distribuição desigual de poder. Não há experiência partilhada. Alguém tem poder sobre o outro, que está à mercê: uma situação que pode facilmente envergonhar a pessoa inferior. É claro que, em algum ponto, muitos detêm posições de poder. No trabalho, alguém precisa ter a responsabilidade sobre os colegas. Os pais devem assumi-la pelos filhos, e o mesmo se aplica a professores em relação aos alunos; mas é o uso desse poder que é crucial. Ele não significa que você não pode ser igual no Segundo Círculo àqueles pelos quais é responsável, e sob seus cuidados.

> Não caminhe à frente, pois talvez eu não consiga segui-lo. Não caminhe atrás, pois talvez eu não consiga guiá-lo. Apenas caminhe ao lado e seja um amigo.
> — ALBERT CAMUS

O bom uso do poder deveria ser prática diária para os que o detêm, e se você achar que tem mais controle do que as pessoas ao redor, obviamente terá mais dificuldade em estar no Segundo Círculo com "inferiores". Os pais podem achar que os filhos não são iguais e que podem ser estapeados. Um professor pode achar que um aluno precisa ser humilhado, ou um chefe pode desejar pôr colegas no devido lugar ou até intimidá-los.

Tome cuidado se você se encaixar em uma dessas possibilidades — e até certo ponto todos nós já nos encaixamos — porque, como dizia minha avó: "Aqui se faz, aqui se paga." Ou, como disse mais eloquentemente Shakespeare,

> ... só fazemos ensinar as sentenças sanguinárias que, uma vez aprendidas, em tormento se viram contra o inventor. Essa justiça serena e equilibrada apresenta a nossos lábios o conteúdo envenenado da taça que nós mesmos preparáramos.

Macbeth está buscando um motivo para assassinar o rei Duncan, um amigo e bom homem, mas percebe que o assassinato voltará para atormentá-lo.

Sócrates disse isso de outro modo:

> Nunca se deve cometer ou retribuir uma injustiça, nem fazer mal aos outros, seja qual for o mal que nos tenham feito.

Essa sabedoria antiga é tão relevante e poderosa hoje quanto naquela época.

Como expliquei, o Terceiro Círculo é um modo desumanizador e brutal de dominar e controlar, enquanto se privar do poder no Primeiro Círculo é uma atitude passiva-agressiva próxima à omissão, que inclui enfiar a cabeça na areia quando se testemunha a destruição dos outros ao redor. Em *Inferno,* de Dante, os omissos têm lugar próprio especial no inferno por esse pecado de passividade. Portanto, os tiranos só podem continuar a sê-lo quando ao redor os demais fecham os olhos. O único modo de usar o poder é no Segundo Círculo. Você e os que o seguem serão mais criativos, produtivos e seguros.

> Os que têm o poder de ferir e não o fazem,
> Que não fazem aquilo que mais aparentariam fazer,
> Que, aos outros movendo, são eles mesmos como pedras,
> Imóveis, frios e lentos à tentação,
> Eles corretissimamente são os que herdam as graças dos Céus...
> — WILLIAM SHAKESPEARE, *Soneto 94*

Gênero

A igualdade entre homens e mulheres tem sido uma luta e um grande obstáculo, fonte de sofrimento. Para simplificar esse importante e antigo conflito, temos de aceitar que somos uma mistura de corpo e emoção, intelecto e espírito.

Todas as mulheres sensatas sabem que os homens têm mais força do que elas. É claro que as mulheres têm imenso poder físico, e a gravidez e o parto são exemplos óbvios disso, mas sabemos que um homem típico pode subjugar fisicamente uma mulher típica. Embora em extrema paixão uma mulher possa ferir fisicamente um homem, em geral não consegue subjugá-lo. Essa força do Terceiro Círculo tem levado facilmente muitos homens à presunçosa conclusão de que elas são desiguais de muitos modos — um argumento falho e ridículo.

O mais fraco dos gorilas poderia subjugar o mais forte dos homens, mas isso não torna a espécie dos gorilas superior. Mulheres e homens podem levar a melhor sobre um gorila e vencê-lo de outros modos. Os homens que se sentem superiores às mulheres não aceitariam a superioridade emocional, intelectual e espiritual de um gorila, mas acreditam que são melhores do que elas, que elas não merecem a igualdade do Segundo Círculo.

A longa história de homens que presumem que a força física significa total controle sobre as mulheres torna extremamente difícil a atual negociação de poder entre os sexos. Alguns homens temem tanto o domínio feminino que criaram culturas que as forçam a estarem constantemente no Primeiro Círculo, senão totalmente ocultas. O véu usado pelas muçulmanas é um exemplo disso. Paradoxalmente, para as mulheres que temem as atenções masculinas indesejadas, a invisibilidade e o Primeiro Círculo podem parecer libertadores. Ao longo da história, elas sofreram punições por seu poder que variaram da ridicularização à morte na fogueira e por apedrejamento. Isso teve duplo efeito: sob ataque, são compelidas a se retirar para o Primeiro Círculo; e os homens tendem mais a entrar no Terceiro. Essa guerra poderá terminar quando homens e mulheres encontrarem a igualdade no Segundo Círculo — não só sexual, como também emocional, intelectual e espiritual. O benefício para os homens será tão grande quanto o alívio para as mulheres.

A energia do Terceiro Círculo que os homens adotam torna muitos deles solitários, e dificulta o contato íntimo do Segundo. Neste, podem fazer contato falando sobre esportes, música ou sexo, mas em caso de grande necessidade emocional não são tão capazes quanto as mulheres de pedir ajuda, particularmente a outros homens. Elas pelo menos fofocam umas com as outras e exploram o sofrimento emocional juntas no Segundo Círculo, algo que o movimento masculino finalmente está encorajando os homens a fazer.

A energia masculina se move na direção do Terceiro Círculo, e a feminina na do Primeiro. Quando a energia se move para o Segundo, a mistura masculino-feminino em todos nós se neutraliza, aproximamo-nos mais das próprias psiques.

Você pode entender o Segundo Círculo por meio de um processo intelectual, mas para viver nele e sustentá-lo precisará se aproximar dele com todo o ser. Você não é um ser inteligente sem emoção ou habilidades sociais; sua presença se manifesta em todo o corpo, respiração, voz, palavras, mente, coração e espírito.

5
Corpo

Abrindo-se para o Segundo Círculo

A palavra "corpo" transmite uma ideia de matéria e substância. Essa é a principal parte de nós. As sensações e os sentidos fluem através dele e, assim, a energia é conectada e o unifica. Isto é, até você ver um corpo morto ou até se sentar e assistir a alguém morrer. Então saberá que o corpo guarda, mas não é, a energia.

É o guardar da energia e o trabalho que você deve fazer que nos interessa. Um corpo naturalmente posicionado está presente e correto no Segundo Círculo. Centrado, acessível e aberto, permite que a energia passe pela matéria, para dar e receber em troca a do Segundo Círculo. Você nasceu com um corpo conectado, mas provavelmente perdeu o jeito e agora está cheio de hábitos que lhe bloqueiam a energia. Esses hábitos desconectaram você dele, e ele do mundo; mas o Segundo Círculo pode remediar isso.

Cada parte do corpo tem as próprias conexões naturais, mas você começa a perdê-las quando essas partes brigam umas com as outras, resultados de estresse, tensão, bloqueio, lesões não curadas e ataques ao corpo no curso normal da vida. Há uma canção infantil que diz: "O osso do joelho está ligado ao da coxa, o osso da coxa está ligado ao do quadril..." E estão, mas se você se esquece e perde essas conexões, põe-se em perigo. Coloca-se no lugar errado e se afasta da energia vital do Segundo Círculo.

Quando as partes do corpo estão mal posicionadas, isso intercepta e distorce a energia. Quando o corpo está fora de forma, torna-se mais difícil permanecer no Segundo Círculo. Mesmo se consegue manter a energia, o mundo olha para você e vê distorção, não o real poder. Mas quando a sobrevivência física está envolvida, até o corpo mais distorcido pode rapidamente redescobrir o eu natural do Segundo Círculo. Você já teve alguma destas experiências?

Ao tropeçar, cair ou ser jogado para fora de um carro em movimento, o corpo tem uma estranha sensação de déjà vu do estado natural e centrado — todas as distorções, tensões e bloqueios se dissolvem em uma fração de segundo quando você se levanta ou rola para longe do perigo.

Você se lembra da estranha dança ao evitar cair na rua? Essa dança pode se prolongar e fazê-lo ziguezaguear por vários segundos. Pense no alívio quando consegue se equilibrar. Subitamente tem consciência do quanto os pés são úteis e do contato com o chão. Durante várias horas depois, maravilha-se com um corpo que funciona, está centrado e presente.

Lembra-se do prazer físico de dançar a sós ao som da música favorita? Como você se sente, ótimo, vivo e centrado depois? Ou do momento em que lança uma bola perfeitamente ou faz o *swing* com o taco de golfe com brilhante abandono; mergulha na água com facilidade e precisão; pula sobre um portão ao ser perseguido por um amigo que ri? Durante algum tempo depois dessas atividades você se sente ótimo no próprio corpo e, com frequência, é esse estado que o conecta ao mundo com clareza. Você vê nitidamente pessoas e paisagens. Voltou para casa, à presença centrada, e isso parece positivo.

Neste capítulo você reaprenderá a centrar e posicionar o corpo naturalmente, o que lhe dará acesso à presença e verdadeira beleza física. A discussão sobre a beleza física sempre foi complexa. Não acredito que você possa tê-la se não estiver centrado e presente no corpo, mas a mídia tem persuadido muitas pessoas de que a distorção é preferível ao equilíbrio e à saúde física.

O chamado corpo "bonito" *versus* o natural, centrado e saudável

Muitas mulheres, e cada vez mais homens, estão distorcendo os próprios corpos para se encaixar em uma imagem irreal não sadia, colocando-os em um constante Primeiro Círculo ou rígido e difícil Terceiro. A busca de uma forma corporal cosmética está bloqueando a energia da presença em milhões de pessoas. Algumas nascem esteticamente bonitas, mas de nada adianta distorcer cosmeticamente o corpo para que se encaixe em um ideal inatingível que efetivamente as desconecta de si mesmas e dos outros. As ricas sensações físicas da vida — como, por exemplo, exercícios e sexo — na verdade são mitigadas no corpo distorcido, porque as divisões dentro dele o tornam incapaz de digerir totalmente a experiência.

Sempre me surpreende o fato de que nos chamados centros de beleza — como Hollywood, o mundo da moda e as boates mais badaladas de Londres e Nova York —, vemos os corpos mais deformados e destruídos do planeta. Não poderiam fugir de um rato — quanto mais de um cachorro ou leão —, mal conseguem andar ou ficar em pé, e, contudo, são considerados bonitos. Essas imagens estão matando pessoas — que cairiam com uma rajada de vento, com corpos construídos com tantos músculos que mal podem respirar. É a moda pondo-nos em posição de total submissão.

Um corpo considerado "feio" pelo mundo cosmético é claramente mais sensual do que um "bonito" distorcido. Apenas por um momento, tente não se julgar, mas ver o seu eu profundo e buscar a beleza natural do próprio corpo.

Eis uma tarefa para você: tente olhar além da superfície de si mesmo e dos outros — do cabelo, do peso, da maquiagem, dos dentes e das roupas. Veja a *posição* dos corpos.

Descubra e examine-se em fotografias ou vídeos recentes. Preferivelmente, escolha as imagens em que não tem consciência da câmera e, portanto, tendeu menos a se controlar e se "posicionar". Ao examiná-las, fixe os olhos de modo a ver a forma mais profunda de seu corpo em vez de os efeitos exteriores cosméticos.

- O quanto você parece confortável?
- O quanto está à vontade?
- Outras pessoas nas imagens estão ocupando o espaço delas ao redor ou tirando o seu?
- Na maioria das vezes você está olhando para baixo, com a espinha dorsal curvada e os ombros caídos?
- Está empurrando a cabeça para frente ou a puxando para trás, a fim de ver os outros de cima?
- Se em pé, a posição o diminui ou exagera, ocupando pouco ou muito espaço? Os pés estão juntos ou afastados?
- Você está centrado, à vontade, reto, sem erguer o queixo, com a cabeça equilibrada e uma postura relaxada?

As respostas podem variar de acordo com as imagens. O conforto do Segundo Círculo pode ser captado se certas pessoas estão ao redor mas não disponíveis para você quando outras estão presentes. Essa é uma informação muito útil. Agora volte a examinar as velhas imagens e veja se consegue observar mudanças no posicionamento e conforto do corpo. Reconheça as diferentes formas desse posicionamento. Por enquanto não tente entendê-las — faremos isso depois.

Depois fite atentamente algumas pessoas, estranhas e que conheça pessoal e profissionalmente. Comece a notar se está se encolhendo ou esticando enquanto o faz. Isso dependerá de quem estiver presente no espaço. Você pode ser capaz de observar no conforto do Segundo Círculo se não for notado, mas provavelmente não se for visto observando. Se perceber que está atentando para características superficiais dessas pessoas, fixe o olhar no fundo das estruturas físicas delas. Começará a ver muito claramente as que encolhem o corpo — no Primeiro Círculo — e as que ocupam mais do que o espaço legítimo — no Terceiro Círculo.

Quando observar um corpo corretamente posicionado e alinhado no Segundo Círculo, note e sinta-lhe o poder sutil, o conforto, a confiança e a abertura.

Ao observar grupos de pessoas, faça-se as perguntas a seguir. Seja sincero e não se envergonhe do que descobrir. Não admitir o que sabe é se diminuir. As respostas devem coincidir com os tipos de Círculos que acrescentei a cada pergunta.

Quem você poderia intimidar? As pessoas no Primeiro Círculo podem despertar em todos nós uma sensação de poder, porque costumam ser fáceis de derrotar. São as que você poderia se imaginar enfrentando sem pensar duas vezes. Porém, não se esqueça de que o mundo está cheio de histórias — muitas delas cômicas — de intimidadores que acharam que alguém era uma possível vítima quando na verdade esta era faixa preta de caratê! Ou as vítimas do Primeiro Círculo despertam em você necessidade de protegê-las?

A presença de quem você não consegue ignorar? De pessoas no Terceiro Círculo — mas talvez seja porque elas não são dignas de confiança. As no Segundo são igualmente difíceis de ignorar, mas é mais fácil se aproximar delas.

Quem parece agressivo? As pessoas no Terceiro Círculo. Os corpos estão retesados e procurando ação.
Quem não parece interessado nos outros? Primeiro ou Terceiro Círculo.
De quem você poderia se aproximar? Segundo Círculo.
Quem o ajudaria se você precisasse? Segundo Círculo.
Quem é sensato? Primeiro ou Segundo Círculo.
Quem você desafiaria? Primeiro Círculo.
Quem o assusta? Terceiro ou o conforto do Segundo Círculo.
Quem toma espaço à força? Terceiro Círculo.
Quem não toma espaço? Primeiro Círculo.
Quem toma espaço com facilidade? Segundo Círculo.
Quem ganha o respeito físico dos outros? Segundo Círculo.

Mesmo após um curto tempo avaliando as formas e energias de pessoas e grupos, você perceberá o quanto já sabe sobre as energias alheias e como estas o mudam. Como regra geral, quem recebe sem dar está no Primeiro Círculo; quem dá sem receber está no Terceiro; e quem dá e recebe igualmente está no Segundo.

Quando você perceber o que já sabe subliminarmente sobre energias, deve admitir que os outros sabem subconscientemente sobre a *sua*. Esse conhecimento humano subliminar partilhado tem lhe dado forma a todos os encontros da vida. Você precisa trazê-lo para a consciência e saber que, mesmo se acredita que o corpo perdeu a energia do Segundo Círculo, você a tem em outro lugar. Quando descobrir um espaço firme no Segundo, conseguirá transferi-lo para outras partes de si mesmo.

Um desportista ou dançarino pode estar com o corpo nesse Círculo, mas ser incapaz de estar ali com outras partes de si mesmo. Um cientista brilhante, a mente, mas não o corpo. Um artista apaixonado, o lado emocional, mas não o intelectual. Quando você conhecer seus pontos fortes, poderá trabalhar os fracos.

Lembrando-se do estado natural do Segundo Círculo

Lembre-se dos momentos em que se sentiu bem com o próprio corpo, inconsciente de "defeitos" ou "maravilhas". O corpo é um instrumento fácil e eficiente, abrigando-o e o tornando cônscio, por meio de seu conforto, da própria energia e daquela do mundo ao redor:

> Caminhando na natureza em terreno acidentado
> Na areia ao lado do mar
> Andando a cavalo ou de bicicleta
> Cuidando do jardim
> Realizando uma tarefa física repetitiva, porém construtiva — pode ser serviço doméstico, se você não estiver estressado ou com pressa
> Empilhando livros, lenha etc.
> Tirando neve com uma pá
> Executando bem atividades esportivas — particularmente as que envolvem balanços do corpo — tênis, golfe, arremesso de linhas ou redes de pesca
> Fazendo acrobacias, dando cambalhotas, usando o trampolim ou trapézio
> Na presença física de poder — um cavalo ou tigre
> Quebrando um tijolo em artes marciais
> Na presença de alguém que não o julga ou ameaça fisicamente

Todas essas atividades costumam reposicionar o corpo no estado natural de presença do Segundo Círculo. Em *A tempestade,* de Shakespeare, o príncipe Ferdinando recebe a tarefa de carregar pesados feixes de lenha. Esse jovem privilegiado é obrigado a realizar trabalho físico até perceber que isso pode ser uma fonte de prazer.

> Há jogos fatigantes, mas aumenta-lhes a fadiga a atração.

Talvez você queira realizar atividades para voltar à verdadeira presença física.

Você se lembra do alívio e da vivacidade sentidos após um jogo de golfe, de futebol de domingo, uma partida difícil de tênis ou uma aula de artes marciais ou yoga? É claro que essas atividades aumentam a frequência cardíaca e a ingestão de oxigênio, mas também recolocam o corpo na presença do Segundo Círculo. Quando você volta à vida, dirigindo o carro ou esperando pelo ônibus, nota o quanto parece inteiro, completo e presente. A sensação dura até você retornar aos hábitos do Primeiro ou Terceiro Círculo.

Essa vivacidade e potência física são alguns dos motivos pelos quais os rituais são feitos. Eles preparam o corpo para o sagrado e liberam a energia, os sentimentos e os pensamentos. Abrem-no para receber sabedoria e clareza, e eliminar e purgar a negatividade. Quando fui honrada com uma Cerimônia do Chá, no Japão, tive de seguir o ritual de uma jornada que incluiu atravessar um rio, caminhar em terreno acidentado e encontrar a saída em um labirinto de caminhos. Quando cheguei ao lugar da cerimônia, estava fisicamente pronta para receber a honra. Em um serviço religioso bem feito a congregação fica em pé, ajoelhada e até curvada para frente — preparando-se para o milagre da Eucaristia nos corpos, assim como nas mentes e nos espíritos.

Os rituais são tão confortantes e libertadores fisicamente que todos os criamos. Alguns podem ser compulsivos. Famílias e culturas têm os próprios. Os ingleses preparam uma xícara de chá, o que é um ato de precisão física. Isso é feito em momentos de crise, não porque as pessoas querem chá e não estão sentindo emoções, mas porque o ritual as mantém posicionadas e presentes, não girando fora de controle. As crianças adoram rituais físicos que as deixam seguras e centradas: os brinquedos colocados na ordem exata; a história contada com rigor; a porta entreaberta na posição exata quando elas dormem.

Em meu quarto aniversário, minha irmã Susan desapareceu. Foi um presente perfeito para mim policiais e cães chegarem à casa. Observei excitadamente o envio de equipes de busca. Mas, é claro, para mamãe aquilo foi um pesadelo e uma tragédia. Até hoje me lembro dela em pé passando a ferro com precisão. Era seu próprio ritual permanecer centrada e presente no corpo — ela se preparava para a possível perda da filha. Susan foi encontrada ilesa e roupas de semanas foram passadas!

Agora se lembre das pessoas que procurou ou o procuraram, que precisavam que um ou ambos estivessem no Segundo Círculo físico. Essa poderia ser a menor das mudanças em seu corpo.

Lembre-se de quando se sentou com alguém em um apaixonado debate, e de como a energia do debate esquentou — aquela súbita energia que o fez se sentar reto ou até ficar em pé, centrado e vivo.

Lembre-se do amor ou da luxúria em uma sala cheia de gente, de quando seu corpo se alinhou com o de uma pessoa estranha. Ou talvez de quando parou um estranho para pedir uma informação e o estranho se revelou a pessoa mais disponível no Segundo Círculo na rua. E de quando um estranho lhe pediu uma informação, e as chances eram de que você fosse a pessoa mais disponível no Segundo Círculo.

Se você é importunado por um grupo na rua ou em um bar, procure a pessoa mais no Segundo Círculo no grupo. É com ela que você deve conversar e se defender. O contato visual os levará para o Segundo Círculo e o corpo os seguirá. Amor, solidariedade, curiosidade, alegria e agressão entram e saem do corpo pelos olhos.

Observe o corpo seguindo os ouvidos quando você ouve alguém atentamente, e inverso quando sabe que alguém o está ouvindo com igual atenção. Lembre-se do poema *A balada do velho marinheiro,* de Coleridge:

> É um velho marinheiro,
> E detém um de três ...
> Com o olho cintilante ele o detém agora —
> E, quieto, o Convidado
> Fica a escutar, como criança de três anos,
> Pelo outro dominado.

Agora se lembre de alguns acontecimentos que lhe distorceram o corpo. É impossível percorrermos qualquer distância na vida sem que alguém nos deteste ou deseje nos magoar e humilhar, e o corpo é o alvo imediato. Você pode ter sofrido danos físicos que ainda permanecem nele. Incluem feridas, operações e lesões que o afastaram devido à dor. O ato de reconhecer as feridas do corpo o ajudará a se livrar delas. Agora relacione comentários, acontecimentos ou palavras que ainda permanecem no corpo: que o tiraram do Segundo Círculo e o fizeram se recolher (no Primeiro) ou o empurraram fortemente para o mundo (o Terceiro).

Todos os comentários negativos sobre o corpo têm um efeito destrutivo na presença física. "Você é gordo, desajeitado, deselegante, lerdo" são comentários que o levam para o Primeiro Círculo. "Você é esquelético ou fraco" o levam ainda mais para dentro do Primeiro ou o desafiam a entrar no Terceiro. O intimidado se retira mais para o Primeiro ou se torna o intimidador do Terceiro. Quedas, dor física e acidentes, quando não tratados, tiram os corpos do Segundo Círculo. Elogios indesejados ao corpo ou partes dele feitos por pessoas abusadas e importunas podem tirá-lo da presença. Se o abuso atingir o nível mais vil — assédio sexual ou estupro —, o corpo se retirará para um lugar de inexistência. Você poderá até deixá-lo: a forma final do Primeiro Círculo.

6

Trabalhando no corpo do Segundo Círculo

O corpo do Segundo Círculo é naturalmente posicionado, possibilitando que a própria energia se mova com facilidade e autenticidade, se abrindo para que a do mundo entre. Esse corpo é forte, contudo, flexível e eficiente em pé, caminhando e correndo. Não é mal desenvolvido e subutilizado, tampouco excessivamente musculoso e atado. Isto é, não reprime e aprisiona a energia vital em si mesmo, nem a empurra para o Terceiro Círculo. Corpos rígidos e contidos não são abertos aos impulsos da vida.

Exercícios: as primeiras etapas

Tire os sapatos e vista roupas folgadas. Fique o mais confortável possível e confira esta lista.

Pés. Os dois pés estão no chão, quase paralelos e sob os quadris? Se estiverem para fora dos quadris, você está no Terceiro Círculo. Se para dentro, no Primeiro.

Se os pés não estiverem totalmente no chão, você está negando a presença, e no Primeiro Círculo. Se estiverem muito firmemente plantados e você sentir que é difícil se mover com espontaneidade, está no Terceiro.

- Os pés devem sentir o chão e ficar em contato com ele.
- Agora desloque o peso um pouco para a frente, com os tornozelos relaxados de modo que possa pular em qualquer direção a qualquer momento.
- O primeiro movimento substancial para a energia física do Segundo Círculo será se apoiar ligeiramente na frente dos pés, mas mantendo os calcanhares em contato com o chão.
- Faça isso e começará a se sentir mais alerta. Mais pronto para a vida. Se tiver o hábito de se apoiar nos calcanhares, está se colocando no Primeiro Círculo. Essa redução física na energia pode tê-lo forçado a entrar no Terceiro.

Joelhos. É antinatural travar os joelhos. Eles devem parecer flexíveis. Se estiverem tensos, destrave-os.

A tensão o puxa para o Primeiro Círculo, bloqueia-lhe a respiração e a voz e pode forçá-lo a entrar no Terceiro se precisar sair de uma posição estática.

Quadris. Verifique se estão projetados para a frente, porque isso na verdade o puxa para trás.

As pessoas que projetam a pélvis para a frente normalmente estão no Terceiro Círculo. Ela trava e isso o empurra para a rigidez do Terceiro.

Espinha dorsal. Se estiver curvada e caída, você está no Primeiro Círculo. Se muito rígida e erguida, no Terceiro.

- Sente-se na beirada de uma cadeira com os pés no chão. Sinta a energia passando pela frente dos pés.
- Balance-se suavemente para sentir a base da espinha dorsal.
- Abaixe a espinha (Primeiro Círculo).
- Depois a estique para cima (Terceiro Círculo).
- Faça isso várias vezes. Você começará a sentir-lhe a posição natural, entre o Primeiro e o Terceiro Círculo, que lhe dá conforto e é saudável.
- Agora fique em pé e experimente a diferença.
- Você deverá se sentir mais no próprio corpo. A espinha dorsal parecerá conectada com a pélvis, os joelhos e os pés no chão.

Ombros. Como estão? Se puxados para trás ou erguidos, você está no Terceiro Círculo. Se caídos, no Primeiro.

Os ombros devem estar soltos, sem uma depressão (Primeiro Círculo) ou elevação (Terceiro) na parte superior do peito.

- Erga, abaixe e gire suavemente os ombros. Após esses movimentos, relaxe-os e deixe que encontrem a própria posição. Não tente posicioná-los. Se o fizer, os deixará tensos de novo.
- Balance suavemente um dos braços como se estivesse arremessando uma bola com ele para baixo.

    Após várias rotações, deixe o braço e o ombro encontrarem a posição natural. O alívio será imediato, com o ombro notavelmente mais baixo do que o não balançado. Repita o movimento com o outro ombro.
- Quando ambos encontrarem a posição natural, você deve começar a sentir a parte superior do peito mais solta. Lembre-se de respirar — a respiração não só o acalmará como também começará a penetrar mais fundo no corpo.

Posição da cabeça. A cabeça está equilibrada no alto da espinha dorsal (que termina atrás dos ouvidos)?

Ela pode estar afundada ou estranhamente inclinada para um dos lados (Primeiro Círculo). Ou puxada para trás, a fim de olhar o mundo de cima, ou projetada para a frente a fim de penetrá-lo (Terceiro Círculo). (Essas posições às vezes provocam dores no pescoço e nos ombros.)

No Segundo Círculo a cabeça está bem equilibrada no alto da espinha dorsal, dando a você uma visão clara, não distorcida, do mundo, e se pode mover com facilidade.

- Deixe-a pender sobre o peito e massageie suavemente o pescoço.
- Balance-a naturalmente algumas vezes de um lado para o outro e depois a deixe repousar sobre o peito.
- Feche os olhos e erga-a até senti-la equilibrada no alto da espinha dorsal e conectada a esta.
- Abra os olhos e verifique se está vendo o mundo de uma nova posição.
- Durante todos os exercícios para a cabeça não aperte os dentes — mantenha os lábios juntos mas os maxilares soltos.

Agora faça uma verificação completa

- Pés — energia passando pela frente dos pés com os calcanhares também no chão.
- Joelhos — destravados.
- Quadris — não projetados para a frente.
- Espinha dorsal — erguida, não caída ou sustentada rigidamente.
- Ombros — soltos, não caídos, erguidos e puxados para trás.
- Cabeça — equilibrada, confortável no alto da espinha dorsal.
- Maxilares — soltos, com os lábios se tocando de leve.

Você deve repetir essa verificação após o exercício a seguir, que visa a centrar e alinhar ainda mais o seu corpo.

- Fique em pé ligeiramente apoiado na frente dos pés e com os joelhos destravados. Deixe a cabeça pender sobre o peito, pesando a partir da cintura. Sinta-se como um fantoche pendurado pelos quadris. Balance os ombros com os joelhos e a espinha dorsal soltos. Mantenha a cabeça pendurada e se lembre de respirar profundamente.
- Permaneça sobre a frente dos pés e, pouco a pouco, erga a espinha dorsal. Permita que os ombros se posicionem no lugar ao final do movimento. Ao se erguer, não puxe os quadris para a frente ou o peito para cima.
- Quando estiver na posição vertical, balance-se suavemente para a frente e para trás sobre os pés. Se estiver centrado, se equilibrará e não cambaleará.
- Brinque com sua posição usual e se balance. Note se você se sente menos seguro e equilibrado. Continue se examinando dos pés à cabeça e observe quaisquer mudanças que tentem lhe puxar a energia para o Primeiro ou Terceiro Círculo.
- Fique em pé na posição centrada. Balance os braços para cima na direção do céu, mas sem erguer os ombros ou a parte superior do peito. Respire calma e silenciosamente.
- Pouco a pouco, abra os braços para os lados na posição do homem "equilibrado" de Da Vinci. Sinta a energia se movendo através dos braços, saindo pelos dedos. Solte os ombros e respire. Deixe os braços voltarem para os lados do corpo.
- *Este é o momento mais importante.* Quando voltarem, sentirá um desejo de abaixar a espinha dorsal e o restante do corpo, puxando-o para o Primeiro Círculo — um claro sinal de que é um corpo deste — ou de esticar o peito e a espinha e entrar no Terceiro. Lute contra esses desejos e se sentirá aberto, forte e disponível dentro do próprio corpo. Começará a experimentar um fluxo diferente de energia.

Esses exercícios precisam ser repetidos todos os dias até você se sentir mais disponível fisicamente para uma energia do Segundo Círculo.

Agora você fez exercícios que prepararam o corpo para sentir o Segundo Círculo. Os próximos iniciarão com este uma real conexão física.

Ativando uma conexão do Segundo Círculo

- Caminhe, com energia e objetivo, como se tivesse de ir urgentemente a algum lugar. Respire naturalmente e olhe ao redor. Observe, ainda que rapidamente, detalhes do espaço. Sinta o chão através de todas as partes dos pés. Mantenha os tornozelos relaxados.
- Quando sentir o corpo energizado, fique imóvel, mas não tente retesá-lo ou travá-lo. Você está efetivamente imóvel, mas não contido. A energia está suspensa.
- Não se apoie nos calcanhares, não trave os joelhos, a pélvis ou a espinha dorsal, nem interfira nos ombros. Não projete a cabeça para a frente ou a puxe para trás, e não olhe para baixo.
- Apenas olhe ao redor do espaço. Veja-o claramente nesse estado físico. Você deve se sentir vivo e alerta.
- Perceba a energia através das costas. Todo o espaço parece disponível. Você sabe e sente o que está acontecendo ao redor. Isso está ligado à vulnerabilidade tanto ao Primeiro quanto ao Terceiro Círculo. Portanto, para onde você deseja dirigir a energia física — dentro (Primeiro) ou fora (Terceiro) é uma boa indicação dos próprios hábitos.
- Repita. Note se realmente quer passear arrastando os pés no chão (Primeiro Círculo) ou se esforçar fazendo barulho com eles (Terceiro). O Segundo é o mais silencioso possível. Para sobreviver, você não quer que os predadores o ouçam.

Trabalhando no corpo do Segundo Círculo 77

- Tente caminhar com objetivo e eficiência por trinta segundos antes de parar. Veja e experimente o espaço especificamente.
- Agora corra e depois volte a caminhar. Em seguida, fique em pé e se mantenha presente na energia do Segundo Círculo. Não se incline para trás ou se retese. Você está leve e alerta; metaforicamente, com as orelhas levantadas e o centro do corpo sintonizado com o mundo.
- Suba depressa ou correndo um lance de escada. Depois pare e se concentre em seu redor.
- Como você se senta?

    Uma posição curvada indica o Primeiro Círculo.

    Uma "boa" posição exagerada, com os ombros para trás e a espinha dorsal rígida, indica o Terceiro.

    Certifique-se de que está com os pés no chão, os ombros soltos e a espinha erguida sem esforço. Balance-se para sentir a base da espinha.

    Agora se levante com o mínimo esforço possível, conduzido pela cabeça, e caminhe como se tivesse algum lugar para ir. Volte e se sente com toda essa energia da caminhada. Você ficará mais alinhado e presente.

- Empurre as duas mãos contra uma parede. Concentre o olhar na parede. Mantenha os ombros livres e o peito aberto, os joelhos destravados e a frente dos pés em contato com o chão.

    Respire naturalmente e sinta o ar baixo no corpo. O estômago deve se mover para fora. Afaste-se suavemente da parede, fique em pé e olhe ao redor. Sinta a própria presença. Repita esse exercício pelo menos sete vezes.

- Lembra-se das portas de bar nos filmes de caubói? Elas representam um exercício perfeito do Segundo Círculo.

    Para empurrá-las e entrar com dignidade no recinto, você precisa estar no Segundo Círculo. Qualquer energia exagerada e agressiva (Terceiro Círculo) lhe impelirá as portas de volta — o que seria profundamente humilhante. Qualquer energia não concentrada, indireta e tímida (Primeiro Círculo) moverá as portas de forma desigual e produzirá uma entrada desajeitada.

A energia do Segundo Círculo é clara, direta e eficiente. Na ausência das portas do bar, você pode experimentá-la nas giratórias. Sabe que está no Segundo Círculo se consegue atravessá-las com total dignidade na entrada e saída. Ou alinhe duas grandes cadeiras com os encostos um contra o outro sobre um chão não acarpetado e passe por entre elas. Quando o faz com facilidade, está em contato com a energia desse estado.

O que você começou a sentir é que, se a energia for relaxada ou casual demais, o corpo cairá no Primeiro Círculo, e se for tensa, controladora ou ansiosa demais, o puxará para o Terceiro.

Exercícios adicionais

Eis um ótimo exercício para quando tiver uma hora livre e quiser se sentir suficientemente aberto à energia do Segundo Círculo. Também é ótimo para antes de ir para a cama. Você dormirá bem e estará melhor posicionado para o Segundo Círculo pela manhã. Voltarei a este exercício mais tarde, com acréscimos para ajudá-lo a se livrar da má energia.

As pessoas no Terceiro Círculo acharão isso difícil porque podem se sentir impotentes e frustradas. As no Primeiro acharão a primeira parte fácil, mas o reengajamento mais complicado.

o Deite-se no chão de barriga para cima em uma sala confortável e segura. Não deve sentir que poderia ser perturbado. Coloque a cabeça sobre um livro ou travesseiro fino. Erga os joelhos, mantendo os pés no chão, e os mova de um lado para o outro livremente. Erga e abaixe suavemente os ombros até senti-los soltos. Então deixe os braços e as mãos relaxarem.
o Coloque uma das mãos na parte superior do peito até senti-la relaxar. Depois no estômago para ajudar a aliviar

- qualquer tensão. Continue respirando o mais calmamente que puder.
- Tente permanecer aí por pelo menos dez minutos — mais, se pude aguentar. Depois se erga devagar; role para um lado e a seguir sobre as mãos e os joelhos. Role com a espinha dorsal até ficar centrado. Verifique pés, joelhos, quadris, espinha dorsal, ombros e maxilares. Você e essas partes do corpo se sentirão mais relaxados e posicionados.
- A maioria das pessoas agora estará no Primeiro Círculo, por isso vá até uma parede e a empurre suavemente. Sinta a respiração baixa. Afaste-se sem fazer esforço e se verá no Segundo.

Práticas diárias e exercícios para o Segundo Círculo

Atores, dançarinos, desportistas ou qualquer um que pratique uma arte já conhece o poder e a fundamental importância da repetição. É por meio dela que o trabalho se fixa no corpo. Sempre digo para os artistas que você tem de conhecer o trabalho muito bem para se esquecer dele e vivenciá-lo livremente para sempre.

Portanto, não tema fazer exercícios básicos para se reengajar no Segundo Círculo natural, a energia com que nasceu.

Mais uma observação. O sistema educacional preza mais o intelectual do que o experimental. Esse foco incentiva a mente a interferir na energia física, colocando-o novamente sob tensão, em vez de na vida livre que esses exercícios oferecem.

Aprenda a ser gentil consigo mesmo, a não se julgar e se permitir brincar. Saiba que a mente é boa e, por isso, não precisa subjugá-lo. Se não puder estruturar exercícios diários para o trabalho corporal do Segundo Círculo, tente incorporar essas práticas e atividades à vida.

- Caminhe com energia clara e desanuviada, com foco e objetivo. Observe objetos, prédios etc. ao redor.
- Se vir uma porta giratória, passe por ela no Segundo Círculo.
- Suba escadas com um objetivo e, ao chegar ao destino, fique em pé e verifique o corpo e a energia.
- Aproveite todas as oportunidades de caminhar na natureza ou em superfícies não pavimentadas.
- Se tiver de passar horas sentado, faça uma rápida caminhada dentro ou fora do prédio a cada duas horas, e volte para sentir a energia diferente ao se sentar.
- Faça o mesmo depois de sair do carro.
- Permaneça atento em reuniões mantendo os pés no chão e a espinha dorsal reta. Empurre-se suavemente contra uma mesa quando entediado e se sentirá com a respiração mais baixa e presente.
- Dê apertos de mão com a energia do Segundo Círculo. Mantenha a mão firme com contato visual, não a mole do Primeiro ou a excessivamente forte e controladora do Terceiro.
- Entre nos espaços e ambientes com a energia e o objetivo do Segundo Círculo.

Dentro de alguns dias você terá uma nova abordagem física do mundo, e o deste em relação a você. Observe-o sem pressa no contexto dessa energia.

- Veja as mudanças físicas dos bebês e das crianças. Note como esses corpos se enchem da energia do Segundo Círculo quando percebem um novo brinquedo ou uma maravilha da natureza, como um pássaro ou um inseto. Sinta e veja-os se desligarem quando estão entediados, e entrando no Primeiro Círculo.
- Atente para alguém afundado em um sofá no Primeiro Círculo, que subitamente tem uma ideia e se senta reto com a energia do Segundo.

Trabalhando no corpo do Segundo Círculo

- Observe a concentração de um desportista, como um jogador de tênis, acertando tacadas no Segundo Círculo. Note como, se ele se desconcentra, talvez devido a uma chamada de linha contestada, entra no Terceiro e perde mais pontos devido a isso. Entre os games, ele pode ficar no Primeiro contemplando o plano de jogo e depois, ao entrar na quadra, voltar ao Segundo.
- Você pode perceber que um competidor vai perder um ponto extra se estiver tentando se preparar muito para uma jogada no Terceiro Círculo.
- Os atletas andam no Primeiro Circulo, reservando energia para a corrida, e passam para o Segundo enquanto esperam a ordem de largada — queimada normalmente pelos que estão no Terceiro.
- Todos os grandes atores, dançarinos e músicos entram no Segundo Círculo antes de atuarem.
- Nas reuniões, você verá os outros se preparando para fazer uma pergunta no Segundo Círculo. Mesmo sentado perto ou em frente a eles, você pode sentir a mudança de energia.
- Observe como algumas pessoas podem controlar reuniões ou salas de aula com a energia generalizada do Terceiro Círculo, mas não conseguem envolvê-lo.
- O Primeiro Círculo em público é sempre entediante e não traz inspiração.
- Observe se você imita ou se revoltou contra a energia física de familiares. Imagine um pai do Terceiro Círculo gerando um filho do Primeiro ou a passividade de um pai do Primeiro forçando o filho a entrar no Terceiro.

7
Respiração

Toda a energia humana é respiração. O corpo o abriga, e a respiração dá ao corpo, à voz, à mente, ao coração e ao espírito poder. Respirar é o primeiro e último ato que se realiza. Se você examinar palavras como "inspiração" e "respiração", notará a presença do espírito embutida nelas.

Quando você inspira, obtém ideias e inspiração e, no último suspiro, expira. A respiração, chave para toda a energia e essencial para a presença, é tida pela maioria das pessoas como certa, e muitas delas — com uma vida ocidental urbana — pararam de respirar natural, total ou livremente.

Toda inspiração absorve energia do mundo e o conecta a você. Na expiração, enviamos o que temos dentro para o mundo, e, com esse contato, transformamos. Independentemente do que temos de bom ou ruim, na conexão entre nós e o mundo, isso se reflete no modo de respirar.

Se você está desconfortável fisicamente, a respiração é igualmente desconfortável. Você perde o prazer de respirar e se esquece do quanto ela é importante. Observe como um bebê se livra da ansiedade por meio da respiração. O último tremor de um ataque de choro permite ao bebê passar da ansiedade para o conforto, e ele se acalma na próxima respiração.

Como você respira?

Pense nas perguntas a seguir:

> Onde você sente movimento no corpo quando respira?
> Você prende regularmente a respiração?
> Pode ouvi-la?
> Quão frequentemente tem consciência dela quando está em pânico ou feliz?
> Há pessoas que a afetam? Elas a interrompem ou a melhoram?
> Há situações em que sabe que terá dificuldade de respirar?
> Há ambientes que lhe bloqueiam a respiração?

Se foi capaz de responder a qualquer uma dessas perguntas, já sabe muito sobre ela e seus problemas habituais.

Tente monitorá-la durante alguns dias para lhe conhecer mais claramente os pontos fortes e fracos, e depois volte a essas questões cruciais. Examine cada uma destas e explore comigo as consequências e os significados das respostas.

Onde você sente movimento no corpo quando respira?

Eis uma descrição física de como a respiração deve funcionar naturalmente. Quando inspira, a parte superior do peito ou os ombros não se erguem, mas você pode sentir uma abertura nas partes laterais e posterior da caixa torácica. (Talvez a última lembrança que tenha desse movimento natural seja a de após uma boa risada: "Eu ri até ficar com dor nos lados.") Meio a um segundo após a caixa torácica se abrir, há um alívio e um movimento descendente através do estômago e dos músculos abdominais até a virilha. Quando a inspiração é completada, há uma fração de segundo em que o corpo parece suspenso e pronto (a prontidão que você sente antes de arremessar uma bola, pular ou deixar escapar um grito ou uma risada).

A inspiração natural absorve ar suficiente para se viver, mover, pensar, sentir ou expressar o que é necessário e apropriado nesse momento. Essa respiração natural atende a todas as necessidades presentes sem bloqueios ou impedimentos. Você obtém o suficiente: nem pouco nem demais. Todas as partes ficam satisfeitas.

A expiração natural ocorre quando os músculos que se abriram (da caixa torácica) e abaixaram (abdominais) se movem para dentro criando uma coluna de ar que libera a energia para o mundo — pensamentos, sentimentos, movimentos ou palavras. Na expiração, a espinha dorsal, o peito e os ombros não devem desabar ou se retesar. Você não deve sentir nenhuma constrição inspirando ou expirando profundamente. Depois desse momento de fácil suspensão você inspira de novo calmamente, a caixa torácica se alarga e os músculos abdominais se movem para fora e para baixo.

Quando a expiração se concentra em um ponto específico, você fica imediatamente no Segundo Círculo e conectado a esse ponto de modo muito palpável e poderoso. A energia toca no lugar, pessoa ou objeto.

Se você respira desse modo natural, já está muito presente e poderoso. Tem consciência do mundo ao redor e o vê claramente. Seu poder já foi reconhecido e a presença sentida.

Infelizmente, a maioria de nós perdeu essa respiração natural e experimenta movimentos físicos diferentes e frequentemente bloqueados na inspiração e expiração. O trabalho neste capítulo é redescobrir a respiração natural ligada à presença. Só pode ser positivo respirar natural e igualmente; quaisquer padrões antinaturais de respiração só podem produzir efeitos negativos em você e nos próximos.

- Você sente a respiração rasa — alta no corpo?
- Respira com os ombros se erguendo ou arredondando e o peito desabando?
- Há pouco ou nenhum movimento na caixa torácica ou área abdominal?
- Você ouve suspiros quando respira?
- A respiração está tomando pouco espaço no corpo? Ao expirar há pouco para sair?
- O corpo é espremido, de modo a pôr energia no mundo?
- Há tão pouco oxigênio que até mesmo pequenas quantidades de estresse o fazem respirar em pânico?

Se você respondeu "sim" a três ou mais dessas perguntas, é uma pessoa que respira no Primeiro Círculo.

- Você sente o peito muito erguido ou contido quando inspira?
- A caixa torácica fica tensa, é forçada e travada quando você inspira?
- Os ombros são puxados para trás e a parte posterior da caixa torácica se arqueia?
- Todo o processo é de expansão excessiva e forçada?
- Na expiração, você força o ar a sair e ouve a respiração quando inspira?

Se você respondeu "sim" a duas ou mais dessas perguntas, está no Terceiro Círculo.

Você prende regularmente a respiração?

É natural você prender a respiração por um momento se está chocado ou precisa de uma súbita mudança na atenção; mas não deve continuar a fazer isso. Se prende regularmente a respiração, não quer ser notado e provavelmente deseja se misturar ao ambiente. A respiração tem de ter movimento, e o interrompendo você evita estar presente e ser visto no mundo. Em vez disso, é como um rato consciente de um falcão sobre a cabeça. A imobilidade é uma tática de sobrevivência, mas o rato volta a respirar depois que o falcão vai embora. Essa é claramente uma respiração do Primeiro Círculo.

Se você inspira e prende a respiração em um corpo excessivamente expandido e erguido, está tentando ficar o mais largo que pode pelo maior tempo possível. Está impondo todo o seu tamanho ao mundo. Essa é definitivamente uma respiração do Terceiro Círculo.

Você pode ouvir a respiração?

Mais uma vez, arfar ou suspirar é natural se ligado a uma particularidade. Por exemplo, um acontecimento inesperado produz um arfar e uma necessidade de soltar o ar com um suspiro. A respiração ruidosa só é problemática quando habitual e regular.

As pessoas no Terceiro Círculo inspiram ruidosamente para impor a presença ao mundo, porque o som da respiração indica que estão prestes a falar. As pessoas no Primeiro Círculo suspiram, cedendo poder e comunicando fraqueza, até mesmo tristeza ou melancolia. Contudo, se você está presente no mundo, consciente do próprio meio e desejando sobreviver, o natural é uma respiração silenciosa. Você não deseja que predadores ouçam onde está.

O quão frequentemente você tem consciência da respiração?

Uma respiração natural é silenciosa e fácil; só é notada quando a emoção ou o esforço é maior do que as emoções normais ou o nível de condicionamento físico. As pessoas no Primeiro Círculo frequentemente têm consciência de pânico e estresse na respiração e temem situações que exijam mais oxigênio no caso de perderem o controle. Elas acham que precisam controlá-la demais, por isso a prendem e forçam. Essa respiração raramente é vital para as emoções e os pensamentos; pode ter força, mas não fluidez.

Há pessoas que lhe afetam a respiração?

Geralmente quem respira no Segundo Círculo deixa qualquer um de nós mais seguro do que os que respiram no Primeiro ou Terceiro, às vezes inclusive transformando-nos os padrões e levando-nos a respirar naturalmente.

Uma pessoa que respira no Primeiro Círculo se sente muito intimidada por uma que o faz no Terceiro, e pode se encolher ainda mais na presença dela.

Já esta pode nem mesmo notar aquela ou, na pior das hipóteses, sentir tentação de intimidá-la. Duas pessoas que respiram no Terceiro Círculo se arriscam a entrar em confronto direto na presença uma da outra.

Quando você aprender a respirar naturalmente no Segundo Círculo, começará a energizar as pessoas que respiram no Primeiro e a desarmar as que respiram no Terceiro.

Há situações em que você sabe que terá dificuldade de respirar?

Quando estiver em contato com a respiração do Segundo Círculo, será capaz de perceber problemas respiratórios iminentes, que podem incluir os causados por ataques de pânico ou bloqueios.

Se você sabe que a respiração pode parar ou diminuir, isso é sinal do Primeiro Círculo. Controlá-la demais quando em pânico é respirar no Terceiro. Tente se lembrar de uma situação que o assustou ou perturbou e reexperimente a respiração naquele momento.

As pessoas no Primeiro Círculo têm pavor de qualquer evento em que tenham de se mostrar, de modo que ir a uma festa, assim como falar em público, pode produzir respiração de pânico. As pessoas que respiram no Terceiro Círculo podem se sentir desconfortáveis em conversas íntimas, particularmente ouvindo ideias ou experimentando emoções que não compartilham ou sobre as quais não têm controle.

Há ambientes que lhe bloqueiam a respiração?

É possível que até a ideia de certos espaços o deixe em pânico e lhe bloqueie a respiração. Por exemplo, a lembrança de certas refeições, salas de aula, pessoas, elevadores, congestionamentos de trânsito, trens etc. lhe envia ondas de choque ao corpo. Se você se lembrar desses choques, isso poderá ajudá-lo a entender a respiração e os medos constantes que o prejudicam.

Hoje a maioria das pessoas neste planeta vive em cidades, o que não as ajuda a descobrir a respiração natural, que funciona melhor na natureza. Foi lá onde começamos, e aonde provavelmente pertencemos.

Você notou como a respiração pode se regular milagrosamente quando está olhando para o mar, as montanhas, florestas, a alvorada, o pôr do sol ou as estrelas? Quando você respira com a natureza no Segundo Círculo, se conecta com ela e pode até começar a se sentir em casa e à vontade. Essa conexão se aplica a terrenos hostis e, mais vividamente, às intempéries. Um vento forte o derrubará a menos que respire naturalmente com ele. Se já esteve em um barco numa tempestade ou nadando em mares agitados, sabe o que quero dizer. A respiração teve de ficar conectada com o ambiente para você não se afogar.

Quanto mais perdemos a conexão com a natureza e nos amontoamos em pequenos espaços com tetos baixos e pouca luz do dia, mais respiramos no Primeiro Círculo ou temos de nos afastar do ambiente restritivo respirando no Terceiro.

Na verdade, acho que o espaço e oxigênio no planeta diminuem à medida que mais seres humanos competem por cada vez menos ar puro, de modo que se tem de praticar conscientemente a respiração do Segundo Círculo. Recomendo firmemente que aproveite todas as oportunidades de se sentar e respirar na natureza, e ficar em espaços amplos e incomuns. Até uma visita a um parque ou uma catedral pode tornar a respiração aberta a todo o seu glorioso potencial.

Acho que se examinar novamente essas perguntas básicas, realmente saberá se está com a respiração no Primeiro Círculo — com a força vital lhe sendo sugada para fora em uma base perturbadoramente regular — ou se a controla no Terceiro Círculo que, na pior das hipóteses, pode tirar o oxigênio das pessoas ao redor. Por favor, não se culpe, porque todos os hábitos que são destrutivos para nós e para os outros foram aprendidos, adquiridos para sobrevivermos às humilhações da vida. Contudo, essas são as consequências deles, e é assim que os hábitos são percebidos pelas pessoas à nossa volta.

Respiração do Primeiro Círculo

Com essa respiração, você pode aparentar ser vítima, ineficaz ou fraco — torna difícil se conectar com o mundo exterior e fácil ser negligenciado e ignorado.

Todos precisamos da respiração do Primeiro Círculo para refletir e comungar com nós mesmos; mas, se queremos estar presentes no mundo e à vontade com famílias e comunidades, essa só pode ser uma respiração improdutiva.

Respiração do Terceiro Círculo

Você tende a ser excessivamente notado e, na pior das hipóteses, considerado autoritário, intimidador, controlador, insensível e arrogante. É raro ficar totalmente à vontade com alguém que respira no Terceiro Círculo.

Inicialmente, essa energia respiratória pode parecer impressionante, criando um entusiasmo superficial nas pessoas. Finalmente, as desumaniza porque elas se sentem impotentes perto de você, desejando atacá-lo ou deixá-lo.

Todos precisamos da ocasional respiração do Terceiro Círculo quando não podemos nos permitir o envolvimento com alguém ou em uma situação como uma intrusão; mas, se permanecemos no Terceiro Círculo com as famílias e comunidades, corremos o risco de elas se sentirem pouco importantes e desnecessárias diante de nós.

Exercitando a respiração natural

A seguir estão alguns exercícios que o ajudarão a reencontrar a respiração natural do Segundo Círculo. Tente fazê-los por alguns minutos todos os dias até que ela permaneça em você. Também pratique-os antes de ocasiões importantes na vida.

Você pode exercitar diariamente a respiração, mas é importante trabalhar com o máximo possível de consciência da sutileza, que o ajudará a ajustar pequenas nuances e mudanças nos padrões respiratórios. Isso lhe dará muitos insights de seu poder, paixões e medos. Lembre-se de que todos os pensamentos e sentimentos se manifestam fisicamente primeiro na respiração, de modo que regulá-la é jornada contínua e vitalícia. O trabalho respiratório continua até o último suspiro!

Comecei a estudar a respiração com nove anos. O estudo consistia em controlá-la para exames orais e de palco. Ao longo de anos fiz exames de respiração e passei em muitos com distinção.

Com 19, fui para a Central School of Speech and Drama, em Londres, que na época oferecia o melhor treinamento de respiração e voz do mundo. Depois de deixar a Central, comecei a ensiná-lo por até sessenta horas semanais. Apesar da boa técnica, no íntimo eu sabia que não respirava adequadamente no Segundo Círculo há anos.

Aos 29, rompi um relacionamento destrutivo. Às três horas da madrugada, em pé em uma praça de Londres olhando para as estrelas, senti a primeira respiração natural do Segundo Círculo em muito tempo. Vinte anos após o início da busca, entrei em contato com minha respiração presente. E o trabalho continua.

Portanto, seja paciente e gentil consigo mesmo. Não tema chorar. Não há nada de errado nisso, e quando você realmente sente o poder de respiração plena tem direito a ele.

As duas etapas da respiração

O trabalho tem duas etapas:

> Inspirar e deixar o ar ampliar e aprofundar o corpo.
> Expirar e deixar os músculos respiratórios sustentarem a liberação de ar e energia.

Inspiração

- Fique centrado na posição física de prontidão com a energia do corpo ligeiramente para a frente dos pés. Permaneça com os joelhos destravados e a espinha dorsal erguida — não caída ou muito esticada e rígida — e os ombros soltos e livres.
- Caminhe ao redor da sala com o objetivo de sentir a energia física do Segundo Círculo. Respire.
- Quando parar, não retese o corpo e bloqueie a energia. Continue a respirar.
- Agora deixe cair um dos lados se mantendo na posição vertical (tenha o cuidado de não se inclinar para a frente). Deixe o braço do lado esticado se arquear sobre a cabeça, com o outro braço pendurado livre. Então respire silenciosa e calmamente. Você começará a sentir a caixa torácica se alongando na área arqueada — aumente esse alongamento, puxe o braço arqueado que está sobre a cabeça e continue a respirar.
- Ao se aprumar, o lado alongado parecerá mais largo e aberto com o ar entrando mais profundamente nele. Você pode começar a sentir um alívio nos músculos abdominais, logo acima da virilha. Isso é muito bom.
- Continue a verificar se os ombros e a parte superior do peito não estão se erguendo. Repita o procedimento com o outro lado.

O segundo exercício proporciona alongamento e penetração maior do ar no corpo, particularmente na parte posterior da caixa torácica e nos músculos abdominais.

- Abrace-se na altura do peito, mas mantendo os ombros livres.
- Agora fique numa posição um pouco mais aberta, afastando os joelhos alguns centímetros.

- Ainda se abraçando firmemente mas com os ombros livres, deixe-se cair para a frente a partir da cintura e mantenha o pescoço solto. Inspire e expire calmamente pelo menos sete vezes. Você sentirá a parte posterior da caixa torácica se abrir e a energia descer pela espinha dorsal até as nádegas. Finalmente, experimentará os músculos mais baixos relaxando na virilha.
- Depois dessas respirações, deixe os braços soltos e pendurados para a frente. Agora erga lentamente a espinha dorsal, permitindo aos ombros irem para seus lugares e a cabeça subir por último. Tenha cuidado porque estará um pouco tonto, mas consciente de uma respiração profunda, poderosa e baixa em seu corpo.

Esse exercício ajuda muito a posicionar a respiração. Também é útil antes de situações estressantes. Sempre o acalma e lhe dá poder.

Nesse ponto, você abriu as partes laterais e posterior da caixa torácica com essas poderosas inspirações. Agora precisa se concentrar na respiração baixa. Na próxima etapa, mantenha a parte superior do peito imóvel para evitar que se erga ou abaixe, e o balanço das costelas.

- Fique com os pés no chão e na direção dos ombros. Dobre os joelhos o máximo que puder, mas mantenha a espinha vertical. Ponha uma das mãos logo acima da virilha e sinta os músculos mais baixos relaxando enquanto respira calma e silenciosamente.
- Após sete respirações, levante-se e mantenha a respiração baixa. Isso levará tempo, portanto não a apresse.
- Um alongamento geral desses músculos pode ser obtido com a "posição de criança" da yoga: fique de quatro e coloque uma pequena almofada ou um pedaço de material fino sob os pés e joelhos. Não aperte as pernas uma contra a outra.

- Abaixe as nádegas sobre os pés, deixando a cabeça ir para o chão, com os braços esticados à frente e os ombros e as coxas relaxados.
- Agora respire lentamente para engajar todos os músculos da respiração.
- *Por favor, não continue este exercício se a posição lhe causar dor nos joelhos ou na espinha dorsal.* Não quero que sinta dor! Se não conseguir suportá-lo, sente-se ereto e volte a ficar em pé, mantendo os ombros livres e a espinha dorsal erguida.
- Súbita e facilmente a respiração se posicionará em seu devido lugar, muito baixa no corpo. Você sentirá um enorme poder e isso poderá assustá-lo ou deixá-lo emotivo, mas por favor persevere.

Expiração e sustentação

As próximas duas etapas são a expiração e a sustentação. Respirar profunda e livremente permite-lhe identificar o momento em que a respiração é suspensa. Essa suspensão não é um bloqueio ou uma contenção, que o levaria para o Terceiro Círculo, e tampouco apressada, que seria o Primeiro. É respirar como e quando você precisa e honrar o momento presente antes de agir. Isso cria um momento de prontidão na respiração e, em você, uma das mais poderosas sensações físicas que é capaz de ter. Quando usufruí-la, isso lhe proporcionará a verdadeira presença e conexão do Segundo Círculo consigo mesmo. Começará a estar presente *para si mesmo*.

Todo o processo de inspirar, suspender a respiração e ficar pronto para o poder da exalação funciona muito bem com movimentos de balanço, bons também para descrever a ação de respirar.

- Imagine-se arremessando uma bola com o braço para baixo. Inspire ao balançá-lo para trás. Ele se erguerá com a suspensão natural da respiração, e ao arremessar a bola imaginária

se moverá para a frente com a exalação, e a respiração arremessará a bola.
- Essa respiração sustenta a projeção da bola, a voz ou um movimento. A sustentação projeta você e tudo em você para o exterior. Efetivamente o conecta com o mundo, e assim se torna a respiração do Segundo Círculo.
- Tente um arremesso do Primeiro Círculo. Vamos permanecer com a imagem da bola sendo atirada. Inspire, com o braço balançando para trás a fim de arremessar a bola, mas a arremesse antes de se sentir suspenso e de a respiração estar pronta. Você está arremessando sem que nenhum poder o deixe, por isso é incapaz de se conectar com o mundo.
- Agora tente um arremesso do Terceiro Círculo. Inspire, levando o braço para trás. Sinta a suspensão, mas trave-o de modo que não haja fluidez ou prontidão — o arremesso resultante será com força e excessivo controle.
- Volte ao arremesso do Segundo Círculo. Balance o braço para trás ao inspirar, sinta a suspensão e prontidão da respiração, e solte o ar com um som de "sss". Faça isso até sentir que a respiração está sincronizada com o som.
- Tente usar esse método para arremessar uma bola contra uma parede ou balançar um peso com a respiração. Após alguns minutos, esta e o som se juntam. A respiração embaixo sustenta a energia.

A próxima etapa é sentir o momento em que você fica sem ar e sustentação, e quando precisa inspirar.

- Com a respiração natural você sentirá esse momento como um desejo claro de respirar e obter nova sustentação, e tomará o próximo fôlego calmamente. Essa não será uma respiração entrecortada do Primeiro Círculo ou forçada do Terceiro.
- Na expiração, você não deve sentir a sustentação externa diminuir e desaparecer. Essa, é claro, é a expiração do Primeiro Círculo. A expiração do Terceiro é muito determina-

da a levar a termo o alívio. Assim, o Primeiro tem pouca ou nenhuma sustentação e o Terceiro tem sustentação demais.

Eis outro modo de sentir a prontidão da sustentação. É um exercício de empurrar simples.

- Ponha uma das mãos, ou ambas, contra uma parede e exerça um pouco de pressão. Mantenha os ombros e a parte superior do peito livres e destravados, o peso na frente dos pés e os calcanhares no chão.
- Continue a empurrar e inspire e expire calmamente. A respiração deve ser baixa e você sentirá a respiração sincronizada e sustentação ao empurrar.
- Assim, sentirá quando está perdendo sustentação e precisa inspirar. Essa inspiração será fácil se a respiração for silenciosa e baixa no corpo.
- Quando você se afastar da parede, se sentirá mais conectado à própria respiração, a si mesmo e ao mundo.

Essa respiração livre e flexível o coloca no momento e pode atender a todas as suas necessidades físicas, emocionais e intelectuais.

Quanto mais você respirar naturalmente, mais presente ficará.

8
Respiração do Segundo Círculo: entrando em contato

Eis alguns simples lembretes. Você está pronto para entrar em contato com o mundo no Segundo Círculo.

Para se conectar e entrar em contato com alguém ou algo no Segundo Círculo, você tem de respirar para eles. Literalmente, a respiração deve tocá-los.

As pessoas que respiram no Primeiro Círculo só percorrem uma parte do caminho até o ponto de atenção quando a respiração não atinge o alvo. Por outro lado, as pessoas que respiram no Terceiro Círculo enviam a respiração além e através do alvo. O Primeiro é pouco. O Terceiro é demais.

Se você quer comandar, ter um espaço e o direito de estar ali, deve respirar em *todo* o espaço no Segundo Círculo. Respirar apenas a metade do espaço o deixa no Primeiro. Respirar além do espaço lhe coloca a energia no Terceiro.

A intimidade com outro ser humano é uma troca mútua de ar por meio da respiração no Segundo Círculo. A respiração do Primeiro e Terceiro não tem intimidade. A do Primeiro não alcança a pessoa e a do Terceiro a ultrapassa e até a enfraquece.

Eis os exercícios básicos para posicionar a respiração e estar no Segundo Círculo.

- Ponha a mão na frente do rosto, a cerca de trinta centímetros de distância. Mantenha o olhar, a concentração e a respiração totalmente voltados para ela. Você sentirá o momento em que, ao respirar, a tocará e se conectará com a mão no Segundo Círculo.
- Respire metade da distância até a mão e se perceberá imediatamente fechado no Primeiro Círculo.
- Agora respire para além dela e sentirá a distância extra e a energia entrar no Terceiro Círculo.
- Agora estabeleça conexões adicionais e mais longas. Se está em uma sala percorra percursos maiores com a respiração. Encontre um ponto do outro lado da sala. Respire para ele. Sinta essa conexão. Você tomará mais fôlego, mas ainda permanecerá conectado consigo mesmo e com esse ponto.
- No Primeiro Círculo a respiração declinará gradualmente antes de alcançá-lo.
- No Terceiro, irá além da sala, talvez até atravessando a parede.
- Agora respire em toda a sala no Segundo Círculo. Quando você sente isso, está no comando do ambiente. Os grandes artistas respiram em todo o espaço em que estão, não metade ou além dele, porque isso os faz perder o carisma.
- Se você inspirar todos os ambientes em que tem de trabalhar, todas as novas salas em que entrar, seu poder natural será palpável.
- Ao entrar em uma festa, você se sentirá no controle e com menos medo.
- Ao entrar em uma sala para uma entrevista ou apresentação, será imediatamente mais impressionante e menos intimidado pela plateia.

- Na próxima vez em que você acariciar um cão, lembre-se de respirar para ele. Não só você o notará, como ele o notará e o obedecerá mais prontamente.
- As crianças são muito receptivas a essa respiração, pois ela faz com que prestem mais atenção a você e com que se acalmem mais rápido.

Na próxima vez em que colegas de trabalho o ignorarem ou irritarem, respire para eles e verifique a mudança na energia. Aperte-lhe a mão e respire para a pessoa, e ela o registrará mais rápido e até lembrará melhor seu nome.

Você começará a notar que pode levar a energia de alguém do Primeiro ou Terceiro Círculo para o Segundo se respirar para ele.

Aplicações diárias

Passe a ver o mundo ao redor de modo diferente, com o corpo e a respiração no Segundo Círculo.

Observe com quem pode fazer contato no Segundo Círculo e como isso envolve você totalmente para o bem ou o mal. Mesmo se por um segundo, é palpável. Perceba os menos capazes de estabelecer essa relação com você.

As pessoas no Primeiro ou Terceiro Círculo não podem notar facilmente quando os outros as envolvem. Por isso, metem-se nas conexões íntimas do Segundo sem consciência de serem intrusas.

Atente para o quanto se sente só quando alguém corta a conexão respiratória do Segundo Círculo com você. Podemos nos lembrar desse abandono anos depois. Observe casais no Primeiro. Os restaurantes são bons locais para notar esse distanciamento: duas pessoas comendo juntas, mas na verdade sós.

Apresentações são malfeitas com a respiração do Primeiro. Professores, gerentes e atores tornam tedioso o mais interessante dos materiais ao mostrá-lo com a respiração do Primeiro Círculo. A exibição com a respiração do Terceiro é capaz de nos prender a atenção puramente pela força, mas raramente transmite informações. Você pode se impressionar, mas não aprender.

Observe como os padrões respiratórios são contagiosos. É preciso algum esforço para manter a respiração do Segundo Círculo quando a pessoa mais influente na sala está no Primeiro ou Terceiro. Um líder pode contaminar familiares e colegas de trabalho com os próprios padrões de energia. A depressão da respiração do Primeiro Círculo é contagiosa, porém, não representa um desafio, enquanto a força da respiração do Terceiro é difícil de superar.

Um artista nervoso e em pânico no Primeiro Círculo faz o público respirar com o mesmo desconforto, enquanto um no Terceiro, com a descarga de adrenalina, pode estimular demais uma plateia pela energia generalizada.

Um intimidador do Terceiro Círculo procura quem respira no Primeiro para vitimar.

Um terapeuta, assim como um interrogador ou vendedor hábil, tira você da respiração do Segundo Círculo.

Experimente as técnicas a seguir:

○ Respire para as pessoas que o servem — garçons, motoristas de táxis, vendedores —, você será notado mais cedo e receberá um atendimento melhor.
○ Respire para uma criança aflita — isso a acalmará e lhe dará segurança.
○ Respire para o interlocutor em telefonemas importantes — você ganhará imediatamente mais autoridade.
○ Antes de qualquer apresentação, entre e marque o espaço com a respiração; sinta quanto é necessário para estar presente no ambiente. Quanto maior o espaço, de mais respiração precisará.
○ Preste atenção às pessoas que respiram no Segundo Círculo — você as ouvirá mais perfeitamente.

Respiração do Segundo Círculo: entrando em contato

- Respire para a estrada ao redor quando dirigir, e dirigirá melhor.
- Respire para os outros ao lhes fazer um cumprimento — este penetrará mais profundamente neles.
- Corteje com o corpo e a respiração no Segundo Círculo — você será mais bem-sucedido nos encontros.
- Respire em entrevistas por cima da escrivaninha — parecerá mais atraente e humano.
- Respire através do medo no Segundo Círculo. Mesmo se não puder enfrentar alguém diretamente, imagine-se respirando para dentro dele — e deixará de temê-lo.
- Respire para dentro de lugares que o assustavam no passado — uma nuvem se erguerá.

O corpo abriga a respiração. A respiração dá energia à voz.

9
Voz

Aquilo que tendes vos salvará se o manifestardes.
Se não manifestardes o que existe dentro de vós,
isso vos matará.

— Evangelho de São Tomé
(*agnóstico*), 70

O som, a disponibilidade e o foco da voz humana são importantes para todos nós, particularmente em pontos cruciais da vida. Em momentos de crise, quando a voz de outro ser humano nos toca, pode promover ou nos impedir a sobrevivência, ou nos guiar através da aflição e do sofrimento. Nessas horas, esperamos uma voz que nos toque com cuidado, seja direta, clara, livre e conectada a nós.

Essa, é claro, é a voz do Segundo Círculo. Quando a comunicação é importante, não desejamos palavras murmuradas incoerentemente ao estilo do Primeiro. Quem precisa de um médico que lhe dê más notícias com a voz do Primeiro ou Terceiro Círculo? Ou de um sacerdote falando em um funeral de um ente querido com uma voz desinteressada ou excessivamente contida? No fracasso ou na dificuldade, você não quer ser vocalmente tratado com condescendência, ignorado, envergonhado ou sentimentalizado. A esta altura, provavelmente pode identificar quais das descrições anteriores se encaixam na voz do Primeiro ou Terceiro Círculo.

Você não quer nada disso, mas também não quer ser visto de nenhum desses modos; importa-se com a(s) pessoa(s) com quem está se comunicando.

Infelizmente, as tensões no corpo, na respiração e na voz podem transmitir negatividade, negligência e insensibilidade, mesmo se o coração e a mente desejam parecer compassivos e afetuosos. A voz natural é livre e reage autenticamente aos sentimentos que experimentamos nos momentos presentes da vida. Foi criada para se estender e ligar-se aos outros no Segundo Círculo.

Ela soa como você realmente quer soar e, o que é igualmente crucial, junto ao som livre, se encarrega de purgar o corpo, o coração e a mente do sofrimento — o que só pode ocorrer quando você a solta total e livremente. Um bom grito, uma risada ou uma imprecação só lhe servem se você deixa o som e a voz saírem livremente, sem contê-los no Primeiro Círculo ou empurrá-los violentamente para fora no Terceiro. A voz do Segundo Círculo o faz se sentir melhor.

Quando ela forma palavras, estas conectam você e sua experiência com o mundo. Expressando e dizendo-as para ele, por ele você é conhecido e testemunhado. Isso só pode ocorrer quando usa voz e palavras no Segundo Círculo.

Antropologicamente, pressupõe-se que a voz livre se desenvolveu para criar os sons complexos e tribais que unem comunidades; trata-se de uma poderosa força e ferramenta social. Afinal, você encontra a comunidade e está seguro dentro dela se fala com seus membros. Nesse ponto, quando vocês contam histórias, criam-nas juntos.

Nós podemos aprender com os macacos. Eles arrumam cada indivíduo no bando familiar todas as manhãs; um modo de verificar se todos na comunidade estão bem e presentes. Historicamente, com o aumento do tamanho dos grupos, essa arrumação levaria o dia inteiro. Por esse motivo, há uma teoria que afirma que a linguagem se desenvolveu para que, em vez disso, fosse possível dizer: "Oi, como está você?"

Essa simples mas importante saudação é universal em todas as famílias e em todos os locais de trabalho, mas só é eficaz se a fizer e responder com a voz no Segundo Círculo. Nós nos perdemos nas famílias e comunidades quando essa verificação essencial não acontece ou se dá no Primeiro ou Terceiro Círculo. Possivelmente correremos grandes riscos se essa saudação humana que nos foi embutida ao longo de milhares de anos no DNA diminuir ou não ocorrer na vida diária, ou for artificial, sem intimidade, pronunciada no Primeiro ou Terceiro Círculo.

Lembre-se de que a voz é o modo mais imediato de transmitir informações complexas sobre si mesmo e os outros, e a sua saúde e qualidade dependem do corpo. Tensões antinaturais em qualquer parte diminuem e restringem os sons de que ela é capaz. Além disso, o poder e a variedade que possui são totalmente dependentes da respiração e sustentação — sem respiração suficiente, fica com pouca energia e no Primeiro Círculo. Com muita tensão e esforço, você a empurra para o Terceiro Círculo.

Você sabe o quanto a voz pode ser eficaz, positiva ou negativamente. Ela o desliga ou liga o suficiente para que possa ouvir.

A do Primeiro Círculo desliga o enuciador e até o receptor. Tira a energia de todos ao redor. É difícil de escutar, tediosa, de curto alcance, descendente e, com frequência, pessimista. Ao se arrastar, pode deprimir o orador e o ouvinte, pedindo a este que a mova para a frente, de modo que faça todo o trabalho de entender o que está sendo dito. É murmurada e reprimida, ou um som sussurrado, que pode criar em nós crescente desejo de gritar: "Fale alto!"

A voz do Terceiro Círculo o desliga porque é forçada. O ouvinte pode sentir-lhe a dor na própria garganta. Sente-se oprimido porque não há nela flexibilidade. Pode ser alta e persistente

— senão agressiva —, controlada demais ou artificial. Às vezes tenta parecer bonita — uma afetação frequentemente hipnotizadora que esconde um significado.

Outras qualidades do Terceiro Círculo podem ser descritas como desejo de controlar e dominar, arrogância, distanciamento, negligência e até excesso de entusiasmo e alegria. Tudo isso provoca no ouvinte um simples desejo de gritar: "Cale a boca!"

A voz do Segundo Círculo

Eis uma lista das qualidades naturais da voz do Segundo Círculo:

> Interessa-se em alcançar o ouvinte e é generosa quando o alcança.
> É flexível, reflete o que está sendo dito e revela, em vez de esconder, o conteúdo.
> É interessante e reconhece a presença do ouvinte sem ser baixa ou alta demais.
> É fácil, vulnerável, clara e inteligente, causando impacto imediato no mundo.
> Incentiva o ouvinte a pensar: "Continue."

Eu quero lhe falar sobre aquela com que nasceu, a voz livre que chama com certa esperança de ser ouvida e respondida. Esta é única, vigorosa, saudável e maravilhosa, e muitos de vocês a neutralizaram, reprimiram, recolheram ou esconderam em si mesmos. Acredito que, em algum lugar, você tem uma lembrança dela: conforto e alegria quando falava, ria ou mesmo chorava.

Talvez essa voz tenha vindo quando você soube claramente que impressionava um ouvinte e as palavras eram eficazes e ativas nele, como naqueles momentos em que contou uma ótima história e foi apreciado ou aplaudido. Ou talvez a necessidade de se comunicar tenha sido tão forte que se tornou superarticulado e totalmente envolvido consigo mesmo e com o que os outros pensavam de você, porque sentia uma real carência de falar e influir nos outros. Nessas ocasiões, a voz foi incansável e cheia de variedade — expressou-o no momento presente e tornou você e a plateia presente.

Acredite que ainda tem essa voz. Ela pode ser recuperada e exercitada com trabalho e compromisso diário. Agora vamos examinar-lhe os hábitos. Acho que descobrirá que estas perguntas lhe dão ideia clara do Círculo em que a própria voz está:

- Quando fala, nota as pessoas se inclinando para você (Primeiro Círculo) ou recuando? (Terceiro.)
- Pedem-lhe que repita o que disse? (Primeiro.)
- Sente que obriga as pessoas a ouvirem você? (Terceiro.)
- Deixa de completar frases ou a voz vai morrendo ao proferi-las? (Primeiro.)
- Acha que o volume controlará o ouvinte? (Terceiro.)
- Vê-se falando monotonamente (Primeiro) ou estudando a voz para ser mais interessante? (Terceiro.)
- Percebe que as pessoas se desligam quando fala? (Isso pode acontecer com a voz no Primeiro ou Terceiro Círculo.)

Geralmente os oradores do Primeiro Círculo são mais conscientes dos fracassos do que os do Terceiro, porque os do Terceiro podem estar tão ocupados controlando os outros que não notam a reação da plateia. Ela está além da própria compreensão.

Agora responda às perguntas a seguir sobre sensações físicas relacionadas com a voz. Elas ainda serão mais relevantes após apresentações públicas, algumas horas de uso constante ou quando você está nervoso.

- Alguma vez sua voz machuca? (Um claro sinal de que está sendo empurrada para o Terceiro Círculo.)
- Você a percebe cansada facilmente? (Isso pode significar um esforço do Terceiro Círculo ou sussurro do Primeiro.)
- É difícil sentir a articulação dela na boca — particularmente nos lábios e na língua? (Você murmura no Primeiro Círculo ou engole a voz.)
- A cabeça se projeta para a frente quando fala? (Terceiro.) Ou você olha para baixo? (Primeiro.)
- Você aperta os dentes e, portanto, os maxilares? (Terceiro.)
- Sente um nó na garganta? (Isso poderia se dever à contenção do Primeiro Círculo ou ao esforço do Terceiro.)

Você começou a avaliar como soa para os outros e para si próprio. Teste-se gravando e depois se ouvindo recitando este poema de Samuel Taylor Coleridge. Compreendo perfeitamente que a maioria das pessoas detesta se ouvir, mas este é um exercício e um passo importante.

> Uma donzela com uma cítara
> Em uma visão certa vez vi:
> Era uma virgem da Abissínia,
> Ela tocava sua cítara,
> Celebrando o monte Abora.
> Se eu pudesse reviver
> Sua música e seu canto,
> Seria dominado por tão profundo prazer,
> Que à música longa e alta
> Ergueria no ar aquela cúpula,
> Aquela cúpula de sol! Aquelas gélidas cavernas!
> E todos que ouvissem as veriam ali,
> E gritariam: cuidado! Cuidado!
> Vede seus olhos flamejantes, seu cabelo revolto!
> Traçai em torno dele três círculos,
> E fechai os olhos em sagrado temor,

Pois ele se alimentou do orvalho de mel,
E bebeu o leite do paraíso.

— Samuel Taylor Coleridge, *Kubla Khan*

A seguir, faça uma gravação de pelo menos trinta segundos sobre um aspecto da própria vida. Recitando um poema e depois discursando sobre si mesmo, falará primeiro formalmente e depois informalmente.

Após a gravação, espere um dia — isso lhe dará um pouco de objetividade — e então a ouça e a analise, usando as descrições que forneci. O que realmente espero que identifique são bloqueios ou tensões vocais e a qualidade exata da energia dessa voz. Por favor, tenha em mente que eliminará os problemas e recuperará o estado natural e livre.

Se você é habitualmente um orador do Primeiro Círculo, este trabalho tende a fazê-lo se sentir muito ruidoso e envolvido. Qualquer orador do Terceiro provavelmente se sentirá com pouco poder, menos eficaz, fora de controle e vulnerável. Contudo, a liberação fará a voz parecer mais flexível e natural, e ela começará a causar uma impressão melhor nas pessoas ao redor.

Liberando a voz: exercício do Segundo Círculo

- Sente-se ou fique em pé centrado, com uma constante referência ao trabalho corporal do Segundo Círculo.
- Mantenha a respiração baixa, alargando a caixa torácica e movendo para fora os músculos abdominais. Dê contínua sustentação à voz com uma fluida respiração do Segundo Círculo enviada para um ponto no espaço.
- Respire do princípio ao fim sob o som.
- Massageie suavemente o rosto, particularmente entre os olhos, ao lado das orelhas e ao redor das articulações dos maxilares.

Exprema todo o rosto e mantenha essa posição por sete segundos antes de soltar os músculos. Deixe-os voltar à posição que quiserem, não àquelas em que você quer colocá-los! Repita pelo menos três vezes. O rosto e os maxilares, estes menos apertados, devem parecer mais abertos.

Inicie este exercício com lábios juntos, mas dentes afastados.

○ Comece lentamente a sorrir e, quando o sorriso se tornar mais largo, abra os maxilares o máximo que puder sem desconforto ou força. Mantenha o sorriso no lugar — não o deixe murchar. O movimento abrirá automaticamente a garganta — prerrequisito fundamental para uma voz livre — e pode suscitar desejo de bocejar; o que é um bom sinal, porque indica que a garganta foi aberta. Faça isso cinco vezes.

○ Na próxima vez em que fizer esse exercício, inspire e expire silenciosamente quando soltar os maxilares. Você experimentará uma conexão profunda do corpo com a respiração abdominal mais baixa, o que só pode ocorrer se a garganta estiver aberta. Não deve haver nenhum som áspero de ar na garganta — é assim que ela sempre deve ficar quando você estiver vocalizando e falando.

○ Agora fale com boa sustentação respiratória, à beira de um bocejo. Embora isso pareça estranho, elimina a tensão da garganta e começa a liberar a voz. Experimente com este famoso poema de William Blake:

>   Tigre, Tigre! Brilho brasa
>   que a furna noturna abrasa
>   que olho ou mão araria
>   tua feroz simetria?
>
>   Em que céu se foi forjar
>   o fogo do teu olhar?

Em que asas veio a chama?
Que mão colheu esta flama?

Que força fez retorcer
em nervos todo teu ser?
E o som do teu coração
de aço, que cor, que ação?

Teu cérebro, quem o malha?
Que martelo, que fornalha o moldou?
Que mão, que garra seu terror mortal amarra?

Quando as lanças das estrelas cortaram os céus,
ao vê-las, quem as fez sorriu talvez?
Quem fez o cordeiro te fez?

Tigre, Tigre! Brilho brasa
que a furna noturna abrasa,
que olho ou mão araria
tua feroz simetria?*

- ○ Agora fale, apenas pensando em um bocejo, e começará a sentir a voz livre.
- ○ Depois deixe os lábios se juntarem de novo, sem apertar os dentes, os maxilares e a garganta.
- ○ Respire calma e silenciosamente pelo nariz e comece a fazer zumbidos suavemente com os lábios fechados. Quando ficar sem fôlego, inspire e recomece.
- ○ Cantarole até sentir a voz vocalizar sem viscosidade ou gaguejos. Isso deve ser natural. Senão você está se esforçando muito. (Terceiro.)
- ○ Cante notas diferentes com tranquilidade.
- ○ Ponha a mão na cabeça e cante — você deve sentir um zumbido na testa ou mesmo na cabeça.
- ○ Cantarole pelo nariz.

---

* Tradução de Augusto de Campos (*N. da T.*)

- Faça zumbidos no rosto, tentando obter vibração nos lábios.
- Faça zumbidos o mais suavemente possível na extensão da própria voz.
- Repita essa última parte três vezes.

Agora a voz deve parecer cálida, mais livre e completa; contudo, provavelmente ainda está no Primeiro Círculo, por isso deve tentar colocá-la deliberadamente no Segundo. Se ela estiver no Terceiro, cuide para não forçá-la durante os próximos exercícios.

Colocando a voz no Segundo Círculo

A seguir, você precisa se estender com a voz.

- Encontre um ponto do outro lado da sala, logo acima da linha dos olhos. Respire para ele, talvez até se imaginando arremessar um dardo nessa direção.
- Uma voz livremente colocada se move para cima e para fora, não deve repousar no corpo. Ponha os lábios para a frente como se fosse dizer um *oo*. Envie ar nessa posição, sentindo a sustentação e a prontidão respiratória, sem vocalizar.
- Agora realmente sustente um *oo* para esse ponto. Tente evitar que o som decline e recaia em você (Primeiro Círculo) ou forçar a voz (Terceiro). Imagine-se atirando um dardo enquanto vocaliza para esse ponto. Solte um *oo* pelo menos três vezes.
- A próxima etapa é passar de um *oo* para um *ah*: *oooahh*. *Ah* é um som muito aberto e vulnerável, por isso você pode se ver empurrando-o (Terceiro Círculo) ou puxando-o de volta (Primeiro).
- Envie o som com um arremesso com o braço para baixo ou tente se imaginar atirando uma rede no mar ao soltá-lo.
- Se você se vir empurrando, pense em um bocejo logo antes de vocalizar.

○ Se você se vir deixando o som declinar, empurre uma das mãos firme, mas gentilmente, contra uma parede enquanto o solta. Desde que mantenha o ombro relaxado e a respiração baixa, esse empurrão físico o ajudará a monitorar a colocação sustentada da voz. O empurrão o faz sentir claramente quando deixa o som declinar.

O próximo exercício, chamado de entonação, é um dos mais maravilhosos e eficazes, desde que feito com respiração e liberdade. Ele aumentará a autonomia, a força e a fluidez vocal. Praticando-o, você "desenvolverá" a voz, distanciando-a de um sussurro e sentindo imediatamente se a tensiona ou a força.

○ Entonar é liberar a voz sustentada em uma nota, em vez de em uma recitação monótona. Entone esta frase: "O mar cinzento e a longa terra escura" em um ponto acima da linha dos olhos. Arremesse-a ou a empurre se necessário.
○ Repita-a pelo menos três vezes.
○ Agora comece a entonar as palavras e, na mesma respiração, passe a falar.

Você pode precisar tentar várias vezes para conseguir fazer isso, mas quando o fizer experimentará uma voz livre, poderosa e colocada. Agora leia todo o poema, não apenas a primeira linha.

> O mar cinzento, a longa terra escura,
> Baixa, ampla, meia-lua amarelada,
> E as ondas em alarme a se impelir
> Em ígneos atos vindos ao dormir;
> Com proa em riste chego à enseada,
> E afogo a rapidez na areia impura.
> Milha de praia quente, odor de mar;
> Três campos a cruzar, até o recanto;
> Um bater na vidraça, o lesto riscado

> E jato azul de um fósforo inflamado;
> Voz menos alta, em seu temor e encanto,
> Então dois corações: soar soar.
>
> — ROBERT BROWNING, *Encontro à noite**

- Entone-o todo e, antes de ter tempo de pensar no exercício ou na voz, recite-o. Depois repita.
- Regrave o poema de Samuel Taylor Coleridge da página 110. Desta vez, respire para o gravador e imagine que está falando com um bom amigo, alguém que o apoia e está ao seu lado. Mantenha a voz livre e para a frente. Sinta a liberdade dos maxilares e o espaço na garganta e boca.

Ao voltar a se ouvir, deve perceber mais movimento e cor na voz, ser capaz de se concentrar nas palavras em vez de no som que emite. As palavras devem alcançá-lo com menos esforço.

Exercícios diários

- Passe dez minutos de manhã checando o corpo e a respiração. Aqueça vocalmente e coloque a voz. Termine entonando e falando.
- Faça um esforço para falar livre e claramente com alguém em dez ocasiões durante o dia — talvez com vendedores de loja, recepcionistas, garçons — e pelo telefone com pessoas que não o conhecem.
- Quando se sentir mais confortável usando a voz, experimente-a com pessoas que conhece, mas lhe pertencem ao círculo externo da vida; vizinhos, amigos casuais, colegas que não trabalham muito próximos a você ou aquelas com quem está começando um relacionamento profissional ou pessoal.

---

* Tradução de José Lino Grünewald, do livro *Grandes poetas da língua inglesa do século XIX*. Rio de Janeiro: Nova Fronteira, 1988.(*N. da T.*)

Quando a confiança aumentar, deve se sentir capaz de se conectar livremente com o círculo interno das pessoas que conhece; elas podem zombar de você, mas não as deixe impedir o crescimento.

Nos dias e nas semanas de experiências vocais, verificará que as reações ao que diz mudaram para melhor. Um comunicador do Primeiro Círculo se sentirá mais notado e ouvido. Um do Terceiro perceberá mais tranquilidade na voz, e experimentará menos medo, e talvez até afinidade com os outros.

Agora você deve fazer uma pausa e avaliar no que trabalhou e o que conseguiu. Dispõe de exercícios e técnicas que podem conectar corpo, respiração e voz com o mundo. Mesmo se não continuar a ler este livro e apenas cumprir essa primeira etapa, a vida mudará e será percebida mais forte e humanamente. Você se sentirá melhor e mais vivo em uma base diária, e saberá quando precisa corrigir partes do corpo, respiração ou voz se for privado da presença do Segundo Círculo pelas forças negativas da vida. Nessa pausa, deveria avaliar o que conseguiu e que essas ações são fundamentais para a próxima etapa da consciência do Segundo Círculo.

Daqui em diante, o trabalho se aprofundará. Em alguns sentidos, se tornará mais interessante, no entanto também mais difícil.

O que você fez até agora pode ser racionalmente entendido e claramente sentido; mas, à medida que formos progredindo, as atividades se tornarão menos concretas e, para algumas pessoas, mais problemáticas.

Muitos de nós foram educados para reverenciar o deus do racionalismo e suspeitar da imaginação. Pense nisto: se o coração está partido, sabe-se que ele o está, embora um raio X possa não mostrar nada.

Quando o trabalho se aprofundar, o aprendizado também se aprofundará. Acredito totalmente que o aprendizado a longo prazo só é possível no Segundo Círculo. A mente só pode se libertar quando um professor ensina no Segundo Círculo e o aluno aprende ali. Um provérbio chinês diz: "Os professores abrem a porta, mas você entra sozinho."

Deixe-me lembrá-lo de como as antigas artes eram — e em alguns casos ainda são — ensinadas. O aprendiz observa o mestre, atento a tudo o que ele faz. O aluno só formula perguntas quando consegue realizar certos processos. Sem participação ativa, o aluno não pode aprender, executar o trabalho ou lhe entender a relevância. O aprendizado exige total atenção antes de se usar qualquer habilidade; mas quando você consegue usar e entender a habilidade, a aprendeu para sempre.

O aprendizado não é compulsório... a sobrevivência também não.
— W. Edwards Deming

10
Palavras

> Acomoda o gesto à palavra e a palavra ao gesto.
>
> — WILLIAM SHAKESPEARE, *Hamlet*

Depois de trabalhar corpo, respiração e voz, você está pronto para exercitar a fala e as palavras.

A articulação de uma palavra — fala — é o ato físico final na cadeia de comunicação. Como você sabe, essa cadeia começa no corpo, é fortalecida pela respiração e expressada pela vibração das cordas vocais. Então a voz entra na boca, é articulada pelos lábios e pela língua e moldada na palavra.

Uma palavra no Segundo Círculo sai da boca, viaja na respiração e toca e penetra no alvo. Ao falar no Primeiro, a voz volta para dentro de você, tornando-o incapaz de articular totalmente a palavra — a energia vocal é puxada ou retrocede, afastando-se dos lábios e da língua. Consequentemente, murmura-se e não se consegue completar a palavra, por isso ela é enfraquecida e distorcida. Você poderia sentir a força da linguagem e tentar empregar palavras no Segundo Círculo, mas esse poder e essa energia estão trancados em si mesmo. As palavras e a expressão ficam no passado, e até palavras alegres parecem enfraquecidas.

Na fala do Terceiro Círculo, são colocadas para fora com força e às vezes excessivamente articuladas, de modo que mesmo quando há conexão profunda entre você e elas, parecem superficiais e insinceras. São empurradas para o futuro, e até sons gentis parecem agressivos.

As palavras não podem parecer presentes se não lhes é permitido viver no mundo ou se são impelidas para além dele. Como já sugeri, as do Primeiro Círculo vivem no passado e as do Terceiro, no futuro. Se você quer dizer o que diz, como o diz, e depois o envia para a frente, está falando no Segundo Círculo.

Linguagem

As palavras tocam em você. Tocam nos outros. As palavras ditas por ou para você ainda estão vivas, em outra pessoa ou em você. Independentemente de se foram ternas ou violentas, insultos ou elogios, estão cravadas em corpos, mentes e corações.

Lembra-se de quando as palavras que proferiu mudaram pessoas: do modo como elas o olharam, ouviram e reagiram a você? Nesses momentos, foram dadas e recebidas no Segundo Círculo e, portanto, mudaram-lhe o mundo para melhor ou pior. Agora reconheça o que essas palavras fazem ou poderiam fazer quando dadas e recebidas no Segundo Círculo.

Essa troca no Segundo Círculo é a experiência mais profunda que se pode ter com a palavra falada. Quando a tem, percebe que o velho ditado "paus e pedras quebrarão meus ossos, mas palavras nunca irão me machucar" está *errado*. O poder físico e a energia de uma palavra falada, dada e recebida nesse Círculo são totalmente sinceros e serão inesquecíveis para quem a ouvir.

Vamos pegar estas três pequenas palavras: "Eu amo você." Se você as fala no Primeiro Círculo, elas voltam para si mesmo. O objeto de afeição poderia ouvi-las, mas a verdadeira energia delas está sendo puxada para trás, para o orador — você. Talvez tema muito se comprometer no Segundo Círculo, ou na verdade esteja dizendo "Eu me amo"!

Se as pronuncia no Terceiro Círculo, são empurradas para o mundo em geral, sem chegar especificamente à pessoa amada. O recebedor poderia ser qualquer um — você está blefando, temendo se comprometer, ou as dizendo para calar o ouvinte.

Um recebedor do Primeiro ou Terceiro Círculo não notaria essa falta de foco claro, mas um do Segundo se sentiria desapontado. Diga as palavras no Segundo Círculo e terá de presenciá-las, porque agora existem fora de você, no espaço. Você lhes deu forma e vida, e elas são concretas. Assim, são sinceras e, portanto, transformadoras.

Tente dizer a palavra "não". No Primeiro Círculo, ela volta para você, está se repreendendo. No Terceiro, geralmente não visa um alvo. Somente no Segundo Círculo é um "não" direto para alguém, claro, definido e sincero.

Eis uma experiência boba, mas que ilustra esse ponto. Diga, no Primeiro ou Terceiro Círculo, "sente-se" para um cachorro. Normalmente, este não responderá; mas, no Segundo, se sentará. Uma criança pequena responde ao Segundo Círculo, mas pode facilmente ignorá-lo quando lhe fala no Primeiro ou Terceiro. Isso ocorre porque os animais e as crianças conhecem e vivenciam o poder da conexão do Segundo Círculo através do som. Eles sabem — e, realmente, todos nós suspeitamos — disso. É o motivo pelo qual no centro de todas as práticas sagradas está o conhecimento de que uma oração, um feitiço ou uma maldição tem o potencial de mudar, criar ou formar o mundo. Mas apenas quando proferidos no Segundo Círculo.

Uma palavra só tem poder quando dada e recebida no Segundo Círculo. Mas tem de ser sincera e apropriada para eles, porque cada Círculo tem o próprio vocabulário nativo.

A linguagem do monólogo pessoal interno vem do Primeiro Círculo. A da intimidade com outro alguém é do Segundo. E há a linguagem do pronunciamento público, que não tem conexão íntima com o mundo e é, obviamente, a do Terceiro Círculo. Embora cada uma seja apropriada a determinado contexto, importar o vocabulário de um Círculo para o outro confunde e irrita os ouvintes, fazendo com que se perguntem como interpretar o que você está dizendo.

Quando a linguagem de intimidade do Segundo Círculo é usada no Terceiro, parece intrusiva, insincera e até ameaçadora. Por exemplo, profissionais de serviços, como recepcionistas e comissários de bordo, foram treinados para falar com os clientes no Segundo Círculo. "Tenha um bom dia", "Como vai?", "Vocês estão todos bem?" Essas frases atenciosas e íntimas são frequentemente ditas no Terceiro Círculo porque não podem ser íntimas com quatrocentas pessoas por dia; mas o uso inadequado da linguagem do Segundo Círculo enfraquece e até adultera as palavras.

Os bêbados são assustadores ou, na melhor das hipóteses, chatos, porque usam a linguagem do Primeiro Círculo — palavras e referências que só eles entendem —, pronunciando-a no Segundo. Eles sabem do que estão falando e podem ficar furiosos se você não conseguir decifrar-lhes a linguagem pessoal; e como não conseguem ouvir no Segundo Círculo, estão perdidos para você e para si próprios. Uma pessoa aflita no metrô o perturba do mesmo modo. As palavras do Primeiro Círculo, que você não tem como decifrar, penetram-no no Segundo.

Por isso, as próximas tarefas incluem:

Dizer palavras no Segundo Círculo.
Querer dizer o que diz, como o diz.

Saber que as palavras totalmente envolvidas e ditas no Segundo Círculo mudam os outros e a energia do mundo ao redor.

Ter consciência de que nenhuma pessoa ouvirá o que você quer dizer se ela não estiver no Segundo Círculo. Você aprenderá a não desperdiçar palavras importantes quando alguém com quem quer se comunicar não está nesse estado. Lembre-se da infeliz experiência de proferir palavras importantes no Segundo Círculo para alguém no Primeiro ou Terceiro — o auge de ser mal interpretado!

Som equivale a sentido

Quando você diz uma palavra no Segundo Círculo, experimenta-lhe plenamente a forma física e o som. Este libera o sentido da palavra, que, nesse estado, pode ser projetada com toda a força que possui.

Exercícios físicos para conectá-lo com as palavras do Segundo Círculo

- Aqueça o corpo, a respiração e a voz.
- Caminhe com energia e, quando parar, mantenha-a no corpo. Sinta o chão com a frente dos pés.
- Olhe ao redor da sala, fazendo o contato visual do Segundo Círculo com vários objetos. Observe o quanto se sente alerta. Verifique se não está empurrando o corpo para o Terceiro ou o puxando para o Primeiro.
- Respire baixo e sinta a prontidão da sustentação respiratória. Se não a sentir, imagine-se atirando uma bola com o braço para baixo ou empurrando suavemente uma parede.
- Encontre um ponto de foco logo acima da linha dos olhos.
- Respire para esse ponto.
- Envie um *oo* para ele.
- Permita que o som o deixe naturalmente, sem força (Terceiro Círculo) ou sem voltar para você (Primeiro).

Quando sentir que o som o conecta ao ponto, mantenha essa conexão enquanto lê em voz alta um ou todos os sonetos a seguir: "How Do I Love Thee?" [Como eu amo você?], de Elizabeh Barrett Browning (N° 43 de *Sonnets from the Portuguese)*; "Batter My Heart", de John Donne; e "Being Your Slave", o Soneto 57 de Shakespeare.

> Amo-te quanto em largo, alto e profundo
> Minha alma alcança quando, transportada,
> Sente, alongando os olhos deste mundo,
> Os fins do Ser, a Graça entressonhada.
> Amo-te em cada dia, hora e segundo:
> À luz do sol, na noite sossegada.
> E é tão pura a paixão de que me inundo
> Quanto o pudor dos que não pedem nada.
> Amo-te como o doer das velhas penas;
> Com sorrisos, com lágrimas de prece,
> E a fé da minha infância, ingênua e forte
> Amo-te até nas coisas mais pequenas.
> Por toda a vida. E, assim Deus o quiser,
> Ainda mais te amarei depois da morte.*

O poema de Elizabeth Barrett Browning faz uma pergunta direta, que então é respondida como uma lista. A alma da poetisa se estende até o fim do ser apaixonado. Está presente para si mesma e oferece essa presença ao amante, dia e noite, pura e apaixonadamente, com a respiração, sorrisos, lágrimas e muito mais. A linguagem é clara e íntima — características do Segundo Círculo, no qual o amor é oferecido.

John Donne, por outro lado, está falando diretamente com Deus, e o chocante é que a linguagem usada é violenta. Ele pede

---

* Tradução de Manuel Bandeira (*N. da T.*)

a Deus que o arrebate e o livre do casamento com o demônio. É um apelo direto ao sagrado.

> Golpeia meu coração, Deus trino; por ti
> Bate à porta, respira, brilha e procura emendar-me;
> Para que eu possa levantar-me e resistir, derruba-me e usa
> Tua força para me quebrar, queimar e refazer.
> Qual uma cidade usurpada, dominada por outro,
> Tento recebê-lo, em vão;
> A razão, teu vice-rei em mim, deveria defender-me,
> Mas está cativa e se revela débil ou falsa,
> Mas muito te amo e queria ser amado por ti,
> Porém estou prometido a teu inimigo;
> Separa-me, desata-me, ou desfaz novamente esse nó;
> Leva-me contigo, aprisiona-me, porque eu,
> A não ser que me domines, jamais serei livre,
> E a menos que me arrebates, jamais serei casto.

Finalmente, um "escravo" confronta uma amante. Nesse confronto direto, há momentos em que Shakespeare tenta aplacar a amante por ter sido tão controverso, direto e no Segundo Círculo em relação às necessidades dele.

> Sendo escravo teu, o que tenho a fazer se não atender
> Aos momentos e ocasiões do teu desejo?
> Eu não tenho nenhum tempo precioso absolutamente a
>   gastar,
> Nem nenhum serviço a fazer, até que o ordenes.
> Nem ouso eu ralhar com aquele tempo que não passa mais,
> Enquanto eu, minha soberana, fico marcando hora por ti,
> Nem acho que a amargura da ausência seja dura,
> Quando uma vez que tenhas despedido teu servo;
> Nem sequer ouso eu questionar com o meu pensamento
>   ciumento

Onde possas estar, ou fazer suposições sobre os teus negócios,
Mas, como um triste escravo, fico e nada penso,
Exceto que onde estás agora, tornas aqueles com quem estás
   felizes:
Tão tolo é o amor, que em sua vontade,
(Apesar de tudo poderes fazer) ele nada acha ruim.

Esses três sonetos são dirigidos a alguém e, portanto, a linguagem é do Segundo Círculo. "How Do I Love Thee?" é uma expressão de amor por alguém; "Batter My Heart" é dirigido a Deus; e "Being Your Slave" é um desafio direto a uma amante à qual o escritor está amarrado como escravo.

A linguagem da poesia sempre deveria estar no Segundo Círculo; no Primeiro ou Terceiro o poder se distorceria e seria inútil recitá-la para alguém que não está ouvindo no Segundo.

Tente declamar um desses poemas no Primeiro e depois no Terceiro Círculo. Observe como o Primeiro enfraquece a linguagem e o Terceiro a torna superficial. Nas duas leituras falta confiança nas palavras e nas ideias que expressam; na verdade, quando não apresentada no Segundo Círculo, a linguagem se torna redundante porque não combina com a energia na qual foi escrita. Comunicar essas grandes paixões no Segundo Círculo é difícil, mas a linguagem e as palavras devem parecer apropriadas quando apresentadas desse modo.

Conectando as palavras com o mundo

○ Ainda concentrado e respirando para um ponto acima da linha dos olhos, pronuncie apenas as vogais de um poema. Você sentirá os sons indo para a frente na boca e até mesmo algumas das emoções que as vogais liberam quando as pronuncia.

○ Agora acrescente as consoantes, certificando-se de que cada uma é firme, mas suavemente articulada. Sinta a palavra e a contate na boca antes de soltá-la. Se não for totalmente definida, você a está puxando de volta para o Primeiro Círculo. Se definida demais, a está controlando no Terceiro.
○ Ao fazer esses exercícios no Segundo Círculo, você poderia sentir como as consoantes dão sentido físico às palavras. "Batter My Heart" contém muitos sons de violência. "How do I Love Thee?" é amoroso, firme e obstinado, assim como impotente. "Being Your Slave" é cheio de ansiedade, espera e raiva.

Ao ler esses poemas, você pode se deparar com palavras que, pessoalmente, acha incômodo dizer. Talvez ache difícil expressar amor, dirigir-se a Deus demonstrando tão claramente raiva ou expressar sinceramente opiniões. Nesse caso, você se puxará para o Primeiro Círculo ou se empurrará para o Terceiro, a fim de evitar encarar essas palavras.

○ Pegue uma linha ou frase e a desenvolva assim:
Como
Como eu
Como eu amo?
Como eu amo você?

○ Concentre cada palavra no Segundo Círculo e em um ponto de foco fora de você. Se conseguir permanecer no Segundo, realmente está começando a tocar no mundo com as palavras.
○ Agora tente dizer a próxima série de palavras no Segundo Círculo:
"Eu estou pensando... mmm... talvez... eu vá ao shopping mais tarde... o que ele gostaria de ganhar de presente?... Pensarei nisso depois."

Obviamente, é possível que haja palavras nessa divagação que surgem no Segundo Círculo, mas a maioria delas é inadequada para o Segundo.

A linguagem do Primeiro Círculo é uma conversa consigo mesmo formada por palavras e referências que só você entende, e que podem ajudá-lo a resolver um problema. Não são para o restante do mundo. Você conhece o próprio mundo interior e não precisa de certas explicações. Quando usa linguagem do Primeiro Círculo no Segundo, na melhor das hipóteses não é compreendido e, na pior, considerado perturbado.

Experimente estas frases no Segundo Círculo:

"O dono do BMW branco que está bloqueando a calçada, por favor, entre em contato com a recepção."
"Os passageiros são lembrados de manter a bagagem com eles o tempo todo."

Esses anúncios públicos poderiam parecer estranhamente íntimos no Segundo Círculo porque a linguagem é geral e condiz com o Terceiro. Agora experimente fazê-lo no Terceiro e veja como as palavras começam a se encaixar.

A linguagem que se encaixa no Círculo é o que constitui uma comunicação adequada. Quando ocorre no discurso, você é claro nas intenções e pode sentir o quanto é difícil receber comunicações no Segundo Círculo. Obviamente, isso é verdadeiro quando coisas desagradáveis são ditas para nós, mas também pode ser quando palavras positivas são rejeitadas pelo recebedor. Se já aconteceu com você, sabe como é desalentador. Imagine o desapontamento de reunir toda a energia para dizer algo magnífico a alguém que se recusa a aceitá-lo no Segundo Círculo!

Mais tarde neste livro trabalharemos em formas de levar as pessoas para o Segundo Círculo, de modo que você possa dizer palavras importantes quando a pessoa que quer que as ouça esteja pronta para elas.

Exercícios de linguagem imaginativa

Os exercícios físicos devem ter lhe dado conexão de som e forma no Segundo Círculo, e isso deve ter começado a conectá-lo com o sentido das palavras. Agora podemos ir mais longe e explorar o envolvimento imaginativo com elas, o que tornará mais revelador proferi-las no Segundo Círculo.

Para a palavra se revelar totalmente nesse estado, você tem de imaginá-la e conhecê-la inteiramente no corpo, na respiração, na mente e no coração, de modo que cada uma seja tornada concreta. No exercício a seguir, você terá de entrar na palavra indo para o Primeiro Círculo e tê-la dentro de você para colocá-la no Segundo, fora de si.

- Deite-se de barriga para cima com as pernas elevadas — e os pés no chão. Respire baixo no corpo. Espere a respiração estar pronta. Feche os olhos.
- Pegue uma série de palavras com fortes significados e imagine cada uma delas, tornando-a concreta e viva. Não pronuncie nenhuma palavra até ter uma experiência — seja visual, sensual, uma lembrança ou um sentimento.
- Quando você proferi-la pela primeira vez, será no Primeiro Círculo.
- Abra os olhos, respire e coloque-a no Segundo. A palavra agora está viva, tem sangue circulando nela. Trabalhe com estas: *vida, morte, amor, ódio, tudo, nada, profundidade, largura, tempestade, guia, valor, golpe, coração, batida, busca, cidade, astro, lábios, erro.*

- Agora faça o mesmo com uma lista de afirmações:
  Meu coração está partido.
  Estou me apaixonando.
  Manterei minha posição.
  Esses são meus direitos.
- Ao sentir e proferir palavras, você quer dizer o que diz. Quando a linguagem soa trivial ou superficial, é porque ela *é* trivial ou porque você não a está sentindo ou querendo dizer o que diz.
- Tente recitar um dos poemas anteriormente citados, experimentando e imaginando concretamente cada palavra. Isso leva tempo, mas é muito gratificante.

Agora recite um deles no Segundo Círculo. Você descobrirá que conhece partes desse poema porque começou a aprendê-lo de cor e a experimentá-lo!

> Digamos tão somente o que sentimos.
> — WILLIAM SHAKESPEARE, *Rei Lear*

- Como prática diária, leia em voz alta no Segundo Círculo manuais informativos, jornais etc., e logo conhecerá melhor e mais profundamente o material. A leitura rápida e superficial é feita no Terceiro Círculo.
- Tente escrever do Primeiro para o Segundo Círculo — a escrita terá um poder extra.
- Pense nas palavras que o mudaram.
- Pense nas palavras que mudaram o mundo.

Leia mais algumas em voz alta no Segundo Círculo. Eis alguns exemplos que podem ajudar:

> A ninguém devemos negar ou atrasar o direito e a justiça.
> Nenhum homem livre será preso, aprisionado ou privado de uma propriedade, ou tornado fora da lei, ou exilado, ou de

maneira alguma destruído, nem agiremos contra ele ou mandaremos alguém contra ele, a não ser por julgamento legal dos seus pares, ou pela lei da terra.
— Magna Carta, 1215

... Consideramos estas verdades como evidentes por si mesmas, que todos os homens foram criados iguais ...
— Declaração de Independência, 1776

Eu tenho o coração e o estômago de um rei.
— Elizabeth I

Os homens mais positivos são os mais crédulos.
— Alexander Pope

Desde que não se tirem nem os bens nem a honra à universalidade dos homens, estes vivem felizes.
— Maquiavel

Essas poderosas palavras não teriam ressonância se não fossem ditas numa voz do Segundo Círculo e fortalecidas pela respiração do Segundo por meio do corpo do Segundo.

11
Audição

Como falar, ouvir é uma habilidade adquirida. Mesmo se você tiver audição anatomicamente perfeita, pode não estar ouvindo os outros. A menos que o faça no Segundo Círculo, não ouve corretamente.

Algumas pessoas se prejudicam ouvindo no Primeiro ou Terceiro Círculo. Poderíamos parecer estar assimilando sons e informações, contudo o que realmente está sendo ouvido nos é filtrado através da subjetividade. No Terceiro, na verdade mal ouvimos; estamos tão ocupados impondo a própria presença que escutamos errado tudo ao redor.

A escuta no Primeiro e Terceiro pode ser perigosa e nos deixar impotentes no mundo. Não ouvimos os sons ou as palavras que nos ajudarão a sobreviver; mas nos momentos em que temos de sobreviver, realmente ouvimos em um claro e vívido Segundo Círculo. No Segundo, você percebe o pequeno e estranho som que o avisa de que algo está errado em casa ou sobre a qualidade de passos que confirmam que alguém o segue. Como pais, podemos identificar e reagir ao choro de nossos filhos mesmo na cacofonia do playground. Reconhecemos a risada, em uma sala cheia de pessoas, confirmando que nosso namorado chegou à festa. Minha avó "surda" podia ouvir muito bem quando percebia que estávamos falando dela!

Esses exemplos provam que você pode ser levado à audição do Segundo Círculo e que o ouvido tem o constante potencial de compreender extremamente bem.

Na Grécia antiga, há uma história que realça a audição do Segundo Círculo. Durante a Guerra do Peloponeso, toda uma frota de navios atenienses foi destruída pelos sicilianos e muitos soldados gregos foram feitos escravos para trabalhar em minas de prata, o que era um destino terrível. Como mais tarde se constatou, os sicilianos adoravam teatro, particularmente as peças de Eurípides, e se um escravo grego pudesse declamar um trecho de uma peça euripidiana, davam-lhe a liberdade. Agora, acreditamos que estas só eram representadas uma vez, de modo que você tinha de estar ali nesse desempenho, e a maioria dos soldados capturados não sabia ler ou escrever. Ouviam-na uma vez e se lembravam de parte do texto ou todo ele.

Há exemplo parecido desse modo de escuta atenta em *Hamlet*, de Shakespeare. Hamlet pede a um ator para declamar um trecho que ouvira: "De uma feita ouvi-te declamar um trecho que nunca foi levado à cena, ou, quando muito, uma única vez." Hamlet então relembra treze linhas do trecho.

Eu costumava duvidar dessas duas histórias até trabalhar com alunos que não sabiam ler ou escrever, mas ouviam com apaixonada atenção. Esses alunos orais podiam aprender um texto após ouvi-lo apenas uma vez.

Se você precisa ouvir, ouça no Segundo Círculo. Se precisa aprender, mas não consegue escrever ou reter conhecimento, ouça no Segundo. A escuta no Segundo não só lhe melhora as chances de sobrevivência como também os relacionamentos pessoais e profissionais.

Você se torna mais atraente para as pessoas que encontra. É maravilhoso ter na vida pessoas que ouvem no Segundo Círculo.

Ninguém gosta de ser considerado um mau ouvinte. Por isso, quando lhe sugerem que não está escutando, você fica na defensiva (reação do Terceiro Círculo) ou de mau humor (Primeiro Círculo). Todos desejamos ser ouvidos no Segundo, porque essa é uma necessidade humana, portanto vamos retribuir o favor.

Tudo isso é difícil, porque vivemos em um mundo muito barulhento e apressado e raramente experimentamos o silêncio e a quietude. Sem essa experiência de silêncio, os habitantes de áreas urbanas de fato acham a audição difícil. Considere as perguntas a seguir e formule as próprias respostas. Numerei-as para facilitar a consulta depois, quando eu mesma as responder.

Como você ouve?

1. Quando ouviu pela última vez apenas a natureza — e isso o assustou?
2. Quem foi a última pessoa que realmente ouviu?
3. Quem foi a última pessoa que realmente o ouviu?
4. Relacione as pessoas que nunca o ouvem.
5. Relacione as pessoas que você nunca ouve.
6. Qual foi o conteúdo do último noticiário que ouviu?
7. O que discutiu com seu parceiro ontem?
8. O que discutiu no trabalho ontem?
9. Qual foi a última música que ouviu e da qual se lembra?
10. Qual foi a última vez em que ouviu uma música que o comoveu?
11. Com que frequência acha que não ouviu uma informação?
12. Com que frequência interrompe as pessoas?
13. Com que frequência presume que sabe o que será dito em uma conversa?

14. Com que frequência precisa ouvir instruções simples antes de entendê-las?
15. Qual foi a última vez em que ouviu palavras que o mudaram?
16. Qual foi a última vez em que ouviu uma voz que o afetou?
17. Qual foi a última vez em que foi seduzido por alguém que o ouviu, ou vice-versa?
18. Quem o ouvia quando você era criança?

Sei que isso pode estar fazendo-o se sentir desconfortável ou mesmo triste, mas prossiga ativamente. Leia as perguntas em voz alta com o corpo no Segundo Círculo e a respiração baixa e a voz livremente colocada do Segundo Círculo.

Como a fala, a escuta é a extensão da respiração. Através desta, adequadamente, os sons e as palavras fluem e tocam em você. Da mesma forma, fluem em sua respiração para os outros.

Ao verbalizar essas perguntas, você receberá todos os tipos de informações reveladoras através do corpo, da respiração e da voz. Algumas perguntas podem levá-lo para o Terceiro Círculo ou incentivá-lo a se encolher no Primeiro. Tente permanecer no Segundo o tempo todo. No final, terá mais do que apenas conhecimento.

> O domínio do conhecimento é falar e o privilégio da sabedoria é ouvir.
> — OLIVER WENDELL HOLMES

> A verdade que liberta os homens é, na maioria das vezes, a verdade que eles preferem não ouvir.
> — HERBERT AGAR

Quando você ler o que respondi a essas perguntas, talvez queira compará-lo ao que respondeu.

Audição 137

Lembre-se de continuar a respirar.
1. Quando os habitantes de uma cidade vivem em um ambiente sonoro constante e frequentemente intrusivo, isso pode prejudicar-lhes a audição. Mas também pode ser confortador mantê-los ocupados, distraindo-os das coisas que não querem ouvir.

   É mais fácil escutar todas as queixas do parceiro se a TV está ligada. O ouvido se dessensibiliza rapidamente; depois de alguns dias vivendo ao lado de uma autoestrada ou estação do metrô, você para conscientemente de ouvi-la. A pressa da vida urbana o convence de que não tem tempo para a escuta.

   Grande parte da população mundial nunca percebeu os sons da natureza e vive em meio ao barulho com capacidade auditiva reduzida. Nesse caso, é mais difícil as pessoas ouvirem no Segundo Círculo. Meus alunos que vivem em áreas rurais sempre são melhores ouvintes. O silêncio e a quietude do campo podem causar ataques de pânico nos habitantes da cidade. Porém, se você conseguir permanecer no Segundo Círculo com a natureza, descobrirá que ele não é silencioso ou quieto, mas cheio de sons e movimentos que só no Segundo pode notar.
2. Quem foi a última pessoa que você ouviu? Foi um superior ou alguém que tinha algo que você queria — um bom motivo para estar no Segundo Círculo, mas que vale pontos extras se ouviu sem agenda —, digamos que uma pessoa que considera inferior, ou ouviu apenas por curiosidade?
3. As pessoas que o escutam estão abaixo de você no trabalho? Elas têm de fazê-lo? Se não, não se sente ótimo e especial quando alguém presta atenção apenas em você?
4. e 5. Por que as pessoas ou você não ouvem? Elas estão no Primeiro ou Terceiro Círculo? Vocês dois estão fora do Segundo

Círculo em relação um ao outro? Você se importa com isso? Se se importa, deve tentar permanecer no Segundo Círculo.

6. Sem dúvida, se o noticiário fornecesse informações sobre pessoas, lugares ou temas com os quais você estivesse pessoalmente conectado, se lembraria dele, mesmo se o apresentador não estivesse no Segundo Círculo. Se você tivesse ouvido acontecimentos mundiais nesse estado, desejaria tornar o mundo um lugar melhor.

7. Se não consegue se lembrar de discussões com o parceiro no dia seguinte, você, o parceiro ou ambos não estão se escutando no Segundo Círculo. Se isso continuar a acontecer, o relacionamento enfrentará problemas e vocês começarão a se sentir solitários e desesperados.

8. Se não consegue se lembrar do que está sendo discutido no trabalho, tem sua posição como certa ou já está perdendo oportunidades de promoção. As pessoas sabem, mesmo em uma reunião de vinte funcionários, se você está ouvindo no Segundo Círculo. Esteja certo de que as pessoas ambiciosas são conscientes e as muito bem-sucedidas mantêm a audição no Segundo Círculo.

9 e 10. Se a música não o comove ou você não se lembra dela, não a está ouvindo no Segundo Círculo.

11. Deixar de assimilar uma informação significa não ouvi-la no Segundo Círculo. E quanto àquele comentário espontâneo e irônico que você não percebeu direito?

12 e 13. A interrupção é uma característica do Terceiro Círculo; desligar-se porque presume que já sabe o que será dito está mais próximo do Primeiro. Não faça nenhuma dessas coisas porque isso significa perder informações importantes e desprezar pessoas. Nenhum de nós gosta de ser desprezado e você pode alienar os outros.

14. Você entra em pânico quando ouve instruções (Primeiro Círculo) ou acha que é capaz de entender e por isso não tem de ouvir totalmente (Terceiro)? Acha que vai fracassar ou fica entediado com a ideia de realizar a tarefa? Nos dois casos está no Primeiro Círculo. Você está acima da tarefa e realmente espera que outra pessoa a realize? Terceiro Círculo. Ouça no Segundo e superará isso.
15 e 16. Se você raramente tem essas experiências, está ignorando o que acontece ao redor ou ninguém na empresa está lhe falando no Segundo Círculo, e corre o risco de se apagar por falta de compreensão ou estímulo. Talvez tenha de buscar contatos sociais em ambientes mais silenciosos e tranquilos. Pode ter notado que conexões intensas do Segundo Círculo ocorrem no silêncio de uma biblioteca ou caminhada no parque.
17. Uma das melhores técnicas de sedução é ouvir a pessoa amada. Aconselho-o a nunca ser seduzido por alguém que não o ouve no Segundo Círculo — não importa o quanto essa pessoa seja maravilhosa — se quiser que o relacionamento não seja apenas sexual.
18. A última pergunta é a mais dolorosa. As crianças reagem aos adultos que as ouvem no Segundo Círculo e se lembram para sempre disso com amor. Recorde como se sentiu: livre, amado e conhecido? É o que faz pelos outros quando os ouve no Segundo Círculo. Se não houve um adulto atento em sua vida, é mais difícil e doloroso para você e o mundo, mas de certo modo você deve a si mesmo se conectar aos outros e experimentar o sentimento incondicional de ouvir no Segundo Círculo.

Na atitude de silêncio a alma encontra o caminho de modo mais claro, e aquilo que é evasivo e ilusório se resolve de maneira transparente como o cristal. A vida é uma busca longa e árdua pela Verdade.

— Mahatma Gandhi.

Você ouve no útero, e a audição é o último sentido que perde quando morre.

Trabalhando na audição do Segundo Círculo

- Fique com o corpo e a respiração no Segundo Círculo. Mantenha os maxilares soltos, respirando calma e profundamente o tempo todo.
- Busque o silêncio. Você nunca o encontrará completo, mas buscando-o se engajará e trabalhará na audição do Segundo Círculo. Se aceita ruído de fundo e se distrai com ele, não deixa o Primeiro ou Terceiro Círculo, porque o som não o envolve totalmente.
- Sente-se e ouça a natureza, mesmo se for apenas no parque local. Fique quieto e feche os olhos. Preste atenção aos sons. Reconheça o mais próximo e escute através dele até o seguinte. Veja o quão longe pode ouvir.
- Agora se mova na outra direção. Identifique o som mais próximo de você e depois comece a escutar o próprio corpo. O som produzido pelas roupas, respiração, deglutição, coração e o sangue nas veias.
- Desligue a TV, o rádio e qualquer música. Sente-se na sala e preste atenção aos sons.
- Repita as jornadas que realizou na natureza.
- Quantos sons pode ouvir?
- Escute sua música favorita. Sente-se quieto e com os olhos fechados.
- Pouco a pouco, abaixe o volume, mas ainda preste atenção à música.

Audição 141

- O quanto o volume pode ser abaixado antes de você perder o interesse por não conseguir ouvir direito?
- Ouça sua canção favorita e tente entender a letra.
- Se costuma ir a concertos com música amplificada, tente escutar a música naturalmente. Procure concertos de música antiga tocada nos instrumentos originais e notará o quanto a audição se tornou aguçada.
- Em uma viagem, conte o número de sons diferentes que consegue perceber.
- Em um ambiente barulhento, fixe o ouvido em um som no espaço e tente sintonizá-lo através de todos os ruídos ao redor.
- Ainda que por tempo limitado, escute no Segundo Círculo as pessoas que costuma interromper ou acha entediantes; elas podem lhe dar informações e ensinar algo. Definitivamente, você as mudará, e também o relacionamento com elas, para melhor.
- Ouça as pessoas que o servem e o servirão com maior eficiência, porque raramente são notadas, muito menos ouvidas.
- Tente identificar e dar nome às vozes que passam no escritório e no lar.
- Escute o noticiário sabendo que deve ser capaz de relacionar cada item uma hora depois. Registre-o e veja quão bem se saiu.
- Ouça seu filho e parceiro conscientemente no Segundo Círculo de manhã e quando você e/ou ele voltar à noite.

Faça qualquer um desses exercícios três vezes por dia e terá maior contato com o mundo ao redor. Também descobrirá que está sendo notado de maneira mais positiva. Qualquer falha na comunicação mostrará alguns sinais de cura. Você ouvirá coisas que não quer ouvir, mas pelo menos enfrentará a realidade.

Eis as palavras de um poeta sobre o canto de uma cotovia:

... Soubesse eu o que goza
 Tua alma, e tal fora
 A minha harmoniosa
 E lírica loucura,
 Que o mundo escutaria como escuto agora.
— Percy Bysshe Shelley, *A uma cotovia*

12
Sentidos

Os insights fornecidos no capítulo sobre a audição são aplicáveis aos outros sentidos, particularmente à visão. Você pode substituir as palavras "escutar" e "ouvir" por "olhar" e "ver" e melhorar a visão, assim como a audição.

Visão

Você já sabe que o contato visual é fundamental no Segundo Círculo, e incentivado em muitos manuais de comunicação como ótima ferramenta de poder. É, mas só se estabelecido no Segundo Círculo.

Você já pode estabelecer ou reconhecer o contato visual um pouco fraco e desligado do Primeiro Círculo ou o muito julgador e vago do Terceiro.

Se o corpo e a respiração estiverem no Segundo Círculo, os olhos o seguirão. Alternativamente, se os olhos ficarem engajados no Segundo Círculo, o corpo e a respiração os seguirão.

O olhar do Segundo Círculo é muito poderoso para você e o objeto do olhar; tanto que, quando você está nesse estado, sabe quando está sendo olhado, ainda que por trás. Qualquer um que fale em público usando o contato visual do Segundo Círculo tenderá mais a obter atenção. Isso também se aplica aos outros sentidos.

Paladar

Coma no Segundo Círculo e o sabor do alimento será diferente. Subitamente o não saudável terá gosto de não saudável e o bom terá gosto de bom.

Note que comer vendo TV coloca o alimento em desvantagem. Prepare uma refeição no Segundo Círculo.

Tente fazer uma refeição com alguém de maneira que vocês dois permaneçam no Segundo Círculo um com o outro e o alimento. Uma família que come junta no Segundo Círculo cria uma boa união. Comer no Terceiro Círculo pode parecer glutônico ou apressado. No auge do Terceiro, você nem mesmo saboreia o alimento. No Primeiro, ignora-o e o tem como certo.

Não testei essa teoria porque não sou qualificada para isso, mas suspeito que comer no Segundo Círculo ajuda a controlar o peso e provavelmente também a resolver problemas de bebida. Você sabe que ficará bêbado quando começa a entornar bebida no Terceiro Círculo, ou que tem um problema alcoólico quando esconde que bebe, até de si mesmo, fazendo-o no Primeiro.

Quando bebe no Terceiro ou Primeiro Círculo, pode tomar um vinho ruim ou outras bebidas de má qualidade sem perceber que poderiam remover a tinta de uma lareira. Bom vinho, café e chá tomados no Segundo Círculo são um grande prazer. Permanecer no Segundo enquanto bebe, o que exige atenção extra se está ficando embriagado, ajuda a perceber quando é hora de parar. Se seu parceiro ou uma pessoa que conhece bem é viciado, você sabe e teme o momento em que ela sairá do Segundo Círculo e se perderá no vício no Primeiro ou Terceiro.

Olfato

Tente cheirar flores, perfumes, alimentos, café e o ar no Segundo Círculo. Você logo despertará o aroma em si mesmo.

Igualmente, note que um mau cheiro o fecha no Primeiro Círculo ou lhe vira o nariz para cima no Terceiro.

Tato

O exemplo mais óbvio do tato é o aperto de mãos: o excessivamente forte do Terceiro, o fraco do Primeiro e o equilibrado do Segundo.

Leve isso mais longe, para o beijo. Você se lembra do beijo do Terceiro e Primeiro Círculo com horror, mas o beijo do Segundo, se desejado, é maravilhoso. O sexo no Segundo Círculo é um ato de amor.

O toque é tão íntimo no Segundo que, quando transmite a mensagem errada e é indesejado, pode levar a processos judiciais.

As pessoas que têm de tocar como parte das profissões — médicos, enfermeiras, dentistas, massagistas — precisam fazê-lo no Segundo Círculo, sem um sentido sexual. Se não conseguem, recorrem ao Terceiro ou Primeiro, o que sempre parece desumanizador.

Tente acariciar um cão no Primeiro Círculo e mal será notado. No Terceiro é provável que o cão não goste do carinho; mas no Segundo você obterá uma boa resposta.

13
Mente

> "Muito curiosíssimo e muito curiosíssimo!", gritou Alice.*
>
> — Lewis Carroll, *Alice no país das maravilhas*

A mente no Segundo Círculo

A curiosidade só se torna significativa no Segundo Círculo. De igual modo, a expressão apaixonada do que você acredita ser verdade só é tangível para você e para o mundo quando nesse estado. Se a paixão é expressa no Primeiro Círculo, é contida e o sufoca; no Terceiro, parece parcial e fechada a mudanças e debate.

> Um homem nunca deve se envergonhar de reconhecer que errou, pois isso quer dizer que hoje ele é mais sábio do que era ontem.
> — Alexander Pope

A mente humana é naturalmente curiosa; a sobrevivência da espécie depende da curiosidade. Para a possuirmos, a atenção tem de estar no Segundo Círculo. Ocasionalmente você pode se re-

---

*Tradução de Clélia Regina Ramos, obtida no site http://www.ebooksbrasil.org/eLibris/alicep.html, acessado em 09.02.2009. (*N. da T.*)

tirar para o Primeiro para refletir sobre uma descoberta, mas busca e encontra a verdade e o conhecimento no Segundo. A sabedoria profunda, a compreensão e a comunicação com os outros só são possíveis nesse estado. Você pode passar em exames dando a virada final nos estudos ou acelerando a leitura (duas atividades do Terceiro Círculo), mas esse conhecimento nunca é lembrado alguns anos depois ou entendido de modo profundo e humano. Einstein disse: "É um milagre que a curiosidade sobreviva à educação formal."

A curiosidade e o conhecimento se manifestam totalmente no Segundo Círculo — entramos naturalmente nessa energia quando apaixonados pelo que pensamos, dizemos e expressamos.

Se você é sincero sobre o que pensa e sente, está no Segundo Círculo consigo mesmo, ainda que minta para o mundo sobre os próprios pensamentos e sentimentos. A sinceridade exige presença e verdade e, quando partilhada, significa que você mantém a palavra. A liberdade de expressão se torna tensão de expressão quando somos incapazes de estar presentes com ideias e expressá-las no Segundo Círculo.

Eis uma questão a se considerar: se a curiosidade é tão essencial para o desenvolvimento e a sobrevivência humana, por que com tanta frequência nos fechamos fora do Segundo Círculo quando nos deparamos com ideias novas ou diferentes?

Isso, claro, é a praga da intolerância. Podemos escolher permanecer no Segundo Círculo mesmo se não aprovamos uma ideia, em vez de afastarmos a mente de um pensamento desagradável. Não temos de nos retirar para o Primeiro ou nos opor à ideia abafando-a com gritos no Terceiro. Nada jamais foi mudado em nossa história sendo ignorado ou forçado a recuar.

Em cada grito de cada homem,
Em cada grito de medo infantil,
Em cada voz, cada imprecação,
Ouço as algemas forjadas pela mente.
— WILLIAM BLAKE, *London*

O afastamento do Segundo Círculo na presença de um novo conceito reprime a curiosidade e aprisiona a mente. Esse movimento de energia vem daqueles que nos lideram. Os líderes ou cabeças — nome apropriado em um capítulo sobre a Mente — estão em posição de liberar ou bloquear ideias. Na verdade, os de países, corporações, escolas e famílias controlam se aqueles aos seus cuidados podem pensar criativa e apaixonadamente. Os bons e produtivos operam no Segundo Círculo e estão presentes, ouvindo e conectados a novas ideias. Podem não concordar com uma sugestão que dê, estabelecer-lhe limites para os atos ou até fazê-lo parar, mas como ouvem a ideia e permanecem presentes com ela, os limites são entendidos.

É um ato de sobrevivência permanecer aberto ao que não se quer ouvir, mesmo quando se opõe firmemente ao que é sugerido. Ao menos ouvi-lo no Segundo Círculo e tentar entendê-lo fornece insights importantes que, se ignorados (Primeiro) ou não totalmente compreendidos (Terceiro) podem levar à real destruição. Parte da curiosidade é conhecer os inimigos e saber o que estão pensando.

Os líderes não criativos operam no Terceiro Círculo. Controlam e impõem ideias, sem ao menos reconhecer outros pontos de vista. Em geral são intimidadores a caminho do poder e tentam fazer com que todos nós lhes consideremos as opiniões como as únicas existentes.

Muito raramente você encontra um líder do Primeiro Círculo; eles costumam ter dinheiro e influência desde a infância e toda a questão da liderança é tida como certa. Nunca lhes ocorreu que o próprio caminho pode ser questionado. Se permanecerem no Primeiro Círculo e tiverem o poder como certo, este poderá ser usurpado por um membro da família mais jovem ou um empregado. Ricardo II, de Shakespeare, é um exemplo de líder do Primeiro Círculo que nunca teve de entender o poder. Esse rei foi coroado quando garoto e cercado de capachos e aduladores que lhe permitiram governar mal. É fácil manipular os líderes que não estão no Segundo Círculo, porque são propensos à lisonja.

Você sabe que é perfeitamente seguro e até agradável discutir ideias no Segundo Círculo com o líder se ele partilha as opiniões. O teste é se vocês podem permanecer conectados um com o outro no Segundo quando suas ideias são conflitantes; e, se não podem, aonde isso os leva em termos de energia.

14
A verdade por trás dos clichês

"Ser fiel ao que diz"

Muitas expressões se tornaram clichês e, contudo, são verdadeiras. "Ser fiel ao que diz", quando reexaminado, é correto porque se você expressa uma ideia que o apaixona e que acredita ser verdade, é preciso que a sustente, respire e verbalize com a plena presença do Segundo Círculo. Somente assim ela terá impacto no mundo; e depois de falar essa verdade, você deve aguentar todas as consequências disso.

Se você fala uma verdade no corpo, na respiração e na voz do Primeiro Círculo, está se esquivando e se desculpando por ela. Quando é falada assim, os ouvintes não lhe notam toda a importância.

Falada no corpo do Terceiro, você a martela como se não acreditasse nela, os ouvintes se desligam e não a examinam com curiosidade.

Saber em que você acredita

Eis um exercício para você:

- Escreva o mais sucintamente possível dez ideias que acredita serem verdade. Isso pode ser fácil, mas, se não for, acho que discorrer sobre o conceito de justiça e o que é justo as fará fluírem. Todos temos claras lembranças de injustiças cometidas conosco e outras pessoas — e isso deve ajudá-lo a fazer uma lista.
- Com a lista na mão, centre o corpo. Libere quaisquer tensões nos joelhos, na espinha dorsal, nos ombros e nos maxilares. Respire calmamente, o mais baixo que puder. Talvez precise caminhar e empurrar uma parede para sentir a energia do Segundo Círculo e a própria respiração.
- Encontre um ponto do outro lado da sala e respire para ele. Toque-o com a respiração do Segundo Círculo. Cantarole para o ponto de modo a enviar a voz para fora no Segundo.
- Leia a lista sem voz mas ainda com a energia do Segundo Círculo. Permaneça centrado fisicamente. Mantenha a respiração baixa.
- Observe o que acontece no corpo e na respiração.
- Quando as ideias e a verdade passarem através de você nessa postura aberta e conectada, talvez queira fazer todas ou algumas das coisas a seguir:
Apoiar-se nos calcanhares;
Afundar a cabeça;
Olhar para o chão;
Ficar com a espinha dorsal curvada e os ombros caídos;
Ficar com a respiração rasa ou até parar de respirar.

Essas são reações físicas do Primeiro Círculo. Você está se desculpando por aquilo em que acredita. De modo inverso, uma imposição da verdade do Terceiro se manifesta nestas reações:

Peito erguido e cabeça puxada para trás;
Você pode ocupar mais espaço, o foco se tornar geral e a energia ir além da sala;
Você pode inspirar com força.

- Lute contra essas mudanças de energia no corpo e na respiração. Continue a ler a lista até sentir que pode permanecer fisicamente e respirar no Segundo Círculo.
- Depois a vocalize. Envie-a para o ponto de foco, sem vibrar as cordas vocais ou empurrar as palavras para fora dele. Não decline as palavras ou as enfatize muito. Apenas as profira com energia clara e desanuviada. Libere as ideias para o mundo sem força ou desculpas.

Até mesmo expressar uma ideia e enviá-la para fora no Segundo Círculo é uma enorme conquista. Você se sentirá aberto e, contudo, decisivo. Quer dizer o que diz.

Saber em que você não acredita

- Agora faça uma lista de dez ideias com as quais você absolutamente não concorda.
- Repita o trabalho.

Quando começar a lê-la, pode sentir raiva. Se isso ocorrer, observe como quer lidar com isso. Exploda-a no Terceiro Círculo ou imploda-a no Primeiro. O tempo todo tente manter o corpo, a respiração e a voz no Segundo Círculo. Evite cruzar os braços, manusear algo nervosamente ou ficar mudando de posição.

- Seguindo os mesmos processos do trabalho do Segundo Círculo, leia em voz alta algumas opiniões com as quais não concorda, podem-se incluir crenças políticas ou espirituais e trechos de jornais, sejam reportagens ou editoriais.

Lembre-se de que você não tem de aprovar o que diz, mas tente permanecer no Segundo Círculo. Seja muito diligente e não deixe o cinismo (Primeiro), a zombaria ou o ridículo (Terceiro) permear-lhe a voz. Você deve comunicar as ideias sem comentários.

o Escolha uma e imagine que é um advogado muito bem pago que tem de defendê-la. Para isso, relacione sete argumentos a favor e os diga no Segundo Círculo.

Entrando em outro mundo: Ponha-se no lugar do outro

> Em caso de divergências, nunca se atreva a julgar até que você tenha ouvido o outro lado.
> — Eurípides

Você trabalhou em um sistema de crenças próprio, mas também deve tentar se mover na direção de outros mundos. A próxima tarefa levará mais tempo, mas pode ser fascinante.

o Fixe a mente em um personagem real, vivo ou morto, que você conhece pessoalmente ou através da reputação. Escolha alguém com opiniões ou uma vida com as quais você *não* concorda.
o Pesquise o personagem. É homem ou mulher? Rico ou pobre? Instruído ou não? Preso ou livre? O que você aprendeu sobre a criação e o ambiente dessa pessoa? Ela tem escolha ou não?
o Tente se solidarizar com ela. Depois volte às ideias ou às atitudes dessa pessoa e lhe fale no Segundo Círculo, em voz alta e livremente.

Você experimentou alguma mudança de atitude ou até de empatia? Talvez não, mas o que descobrirá em si mesmo é maior abertura; você se sentirá menos fechado e, portanto, mais capaz de lidar racionalmente com o sistema de crenças do próximo. Ficará mais seguro sabendo e entendendo as opiniões dele.

Quando encontra abertamente pessoas e as ouve, as vidas que levam o enriquecem e lhe dão à própria vida mais profundidade.

Os indivíduos notáveis encontram mudança no Segundo Círculo. É claro que poderiam rejeitar partes de uma pessoa, mas permanecendo no Segundo com ela sempre há uma chance de aprenderem, até mesmo com um inimigo, o que fará as duas partes crescerem.

Winston Churchill podia confrontar e atacar um companheiro político na Câmara dos Comuns, mas duas horas depois se sentar com ele discutindo corridas de cavalos. Era capaz de aceitar diferenças e apreciar interesses comuns.

Recentemente fiquei muito comovida com um documentário. Filmado com simplicidade, contava a história de uma dona de casa suburbana de classe média com claras ideias de direita que iniciou uma correspondência com um preso no corredor da morte. As cartas foram inicialmente formais e no Terceiro Círculo, mas pouco a pouco os dois passaram a se corresponder no Segundo e ela encontrou em si mesma a capacidade de amar incondicionalmente um homem que a princípio tratara e julgara com superioridade. A única vez em que se falaram pelo telefone foi logo antes da execução. O mundo dessa mulher nunca mais será o mesmo, e julgamentos casuais e não testados de qualquer outro ser humano são agora impossíveis para ela.

As peças de George Bernard Shaw são aulas magnas de debates abertos. Personagens com opiniões opostas são colocados em uma arena e você os vê confrontar as opiniões uns dos outros. Se bem representadas, o público passa de uma opinião para outra sem preconceitos e, embora você possa mudar de ideia, aprende ouvindo opiniões diferentes manifestadas por pessoas articuladas. Os personagens se ouvem e mudam se e quando aceitam uma nova ideia. Ninguém fica preso em uma posição. Shaw tem muito a nos ensinar sobre as mentes no Segundo Círculo.

> Não critique o que não entende, filho. Você nunca esteve no lugar daquele homem.
> — Elvis Presley

15
Coração

Aonde quer que você vá, vá com todo o coração.

— Confúcio

Podemos bloquear-nos os corações tão eficazmente quanto o fazemos com as mentes. Culpa, vergonha e medo podem tirar você rapidamente da presença e levá-lo para o Primeiro ou Terceiro Círculo. Isso é uma reação inicial e natural para encobrir, negar ou ridicularizar a emoção.

Todos nós às vezes desaprovamos os próprios sentimentos e os alheios. Mas essa desaprovação não nos ajuda a sobreviver e ser iluminados. A sobrevivência, assim como o conhecimento, só é possível no Segundo Círculo. É melhor reconhecer os verdadeiros sentimentos e fantasmas, e saber o que os demais sentem a seu respeito. Acredite em mim, você põe a si mesmo e aos outros em risco se não se importa com o próprio coração e a presença. Como diz Sarah em *Chicken Soup with Barley*, de Arnold Wesker: "Você tem de se importar, tem de se importar ou morrerá."

Três histórias

As três histórias a seguir mudaram meu coração e me ajudaram a crescer emocionalmente. Todas elas me afetaram.
A primeira é sobre o poder do ódio.

Eu estava lecionando na Índia. Um dia, após dar uma aula magna em uma universidade indiana fora de Madras, fui levada ao gabinete do diretor para tomar chá. O cumprimento dele foi formal e a cerimônia do chá inglês impecável. Eu estava superanimada porque tinha gostado da aula, bastante satisfeita comigo mesma e no Terceiro Círculo. Ele estava gentil, mas retraído — definitivamente, no Primeiro Círculo.

Após alguns minutos ele se calou, olhou para a xícara de chá e a mexeu. Senti uma mudança de energia e nós dois entramos no Segundo Círculo. Ele ergueu os olhos para mim e experimentei o poder daquele olhar subitamente me penetrando: "Eu odeio os ingleses e o que seu Império fez com o meu país. Por um momento, achei que meu coração ia parar de bater e nunca mais bateria de novo.

Nunca vivenciara um ódio tão selvagem — de certo modo, o ambiente civilizado o piorava, mas consegui continuar a encará-lo no Segundo Círculo. Nesse momento realmente tive de reconhecer os erros de meu país e as mentiras que aprendera na escola. Conhecia esses erros e essas mentiras intelectual e politicamente, mas não emocionalmente. Pior ainda, tive de encarar a própria estupidez emocional e insensibilidade.

Permaneci no Segundo Círculo com ele. Ouvi o tiquetaque de um relógio. Agora estávamos respirando juntos — aquilo era gladiatório, e a energia ficava mais carregada a cada tiquetaque. Nos meados da década de 1980, os Estados Unidos e a Europa enfrentaram a crise de aids. Ele sorriu para mim: "Estou feliz por vocês terem a praga da Aids. Os filhos pagarão pelos pecados dos pais." Ao ouvir isso eu me levantei e saí da sala, arrasada e chocada, mas iluminada e, espero, uma convidada mais sensível e preparada.

Aprendi que o despertar político vem através do coração e é pessoal. Ele não só odiava meu país como me odiava, por um bom motivo. E, a favor de mim mesma, vi o encontro como uma revelação no Segundo Círculo.

A segunda história é sobre ódio e sobrevivência de um tipo diferente:

> Eu vivia com um homem, mas o relacionamento estava condenado ao fracasso porque ele era alcoólatra e, como todos os bebedores, agressivo. Eu acreditava que o amor o mudaria. Mas ele estava no Segundo Círculo com o gim e a água tônica, não comigo; não conseguia sentir o amor que eu tinha por ele. Com o passar dos anos, recolhi-me no Primeiro Círculo em uma tentativa de sobreviver e ficar. Embora soubesse que isso não era seguro, o coração estava tão enfraquecido que eu mal podia me mover, e, apesar de ensinar atores a respirar, mal conseguia me oxigenar.
>
> Um dia, às 2 horas da madrugada, ele caíra no sono completamente bêbado, ou assim pensei, e eu estava sentada sozinha de novo na sala de estar, cheia de tristeza. Subitamente a porta se abriu com violência, assustando-me e me fazendo entrar no Segundo Círculo. Meu parceiro entrou com uma faca, sóbrio o bastante para estar em um vívido Segundo, e gritou comigo: "Você é um monstro e deve ser destruída." Levantei-me, o empurrei e fui embora para nunca mais voltar.
>
> Tínhamos nos encontrado no Segundo Círculo, e a violência íntima desse encontro me levou a agir. Eu sabia que, se ele não me esfaqueasse naquele momento encontraria um modo, ainda que sutil, de me cortar o coração.

A última história é sobre um encontro que me mudou todas as percepções da beleza e do desejo sexual:

> Eu tinha 32 anos e estava lecionando no Leste Europeu. Um diretor brilhante e famoso me viu trabalhando e me convidou para jantar. Toda a refeição foi uma troca intensa do Segundo Círculo. Nós nos encantamos um com o outro, mentes, corações e espíritos se engajaram entre si. Devo explicar que ele tinha 84 anos e, até aquele momento, eu não imaginava que poderia achar um homem velho atraente.

As conexões do coração no Segundo Círculo não se encaixam necessariamente nos padrões estabelecidos. As emoções nesse estado podem atravessar fronteiras inimagináveis, pois são encontros do coração que transformam a vida. Você nunca mais será o mesmo, motivo pelo qual, se teme a mudança quando os sentimentos o dominam, pode permanecer resistindo ao Segundo Círculo.

Todas as trocas íntimas são (ou deveriam ser) no Segundo — energia partilhada que o faz conhecer o mundo de outra pessoa. Nesse momento, você pode cair de amores.

"Cair de amores" — como é clara essa descrição! Para cair, você tem de se soltar. De quê? Das defesas do Terceiro Círculo ou do eu do Primeiro?

Quando se ama alguém, este se torna foco constante do Segundo Círculo. A presença dessa pessoa entra no coração e na mente, e se ela se apaixona por você, começa uma grande história de amor.

> Meu verdadeiro amor tem meu coração e eu tenho o dele.
> Em uma troca justa, um pelo outro oferecemos.
> Eu acalento o dele e do meu ele não se descuida.
> Nunca uma troca foi tão bem conduzida.
> O coração dele em mim nos mantém unidos;
> Meu coração no dele guia-lhe os pensamentos e sentidos:
> Ele ama meu coração, porque um dia foi o dele;

Eu acarinho o dele porque em mim reside.
Meu verdadeiro amor tem meu coração e eu tenho o dele.
— Sir Philip Sidney, *Arcadia*

Para ver e notar totalmente uma pessoa e, portanto, amá-la, você tem de estar no Segundo Círculo; e para esse amor enfraquecer e morrer você se afastará dela no Primeiro ou se defenderá no Terceiro.

Para você amar e tratar com carinho alguém ao longo do tempo, tem de permanecer com ela no Segundo Círculo e, o que é ainda mais difícil, permitir-lhe ser ela mesma no Segundo. Isso leva em conta a mudança, o envelhecimento, o fim da beleza e todos os problemas que a vida apresenta igualmente a ambos.

… Amor não é amor
Que se altera ao encontrar alteração …
Ah, não; é uma marca para todo o sempre fixa
Que encara tempestades e jamais se altera …
O amor não se engana com o Tempo …
O amor não se altera com suas breves horas e semanas,
E a tudo aguenta até a beira do fim do mundo …
— William Shakespeare, *Soneto 116*

Essa é a descrição de Shakespeare do amor incondicional, e portanto igual, do Segundo Círculo. Quem ama permite à pessoa amada mudar e se transformar.

Você se apaixona no Segundo Círculo, mas se desapaixona quando se torna uma vítima do amor no Primeiro ou o controlador no Terceiro. Se ama apenas para servir ao eu do Primeiro Círculo ou à imagem do Terceiro, esse amor é condicional e não sobreviverá.

O que morre não foi igualmente mesclado.
— John Donne, *The Good-Morrow*

Os assuntos do coração e todas as paixões que o atravessam são infinitamente complexos: sentir totalmente amor, raiva, desejo, pesar, alegria e medo no Segundo Círculo exige coragem, porque às vezes você tem de suportar o insuportável.

É preciso continuar, não posso continuar, vou continuar.
— Samuel Beckett, *O inominável*

Quando você experimenta todos os sentimentos que não queria ou não podia sentir devido à criação ou cultura, sente-se tentado a se recolher no Primeiro Círculo ou fugir do sentimento no Terceiro. O Primeiro reduz o coração e o Terceiro visa a negá-lo.

A redução emocional do Primeiro inclui banalizar uma paixão, descuidar dela ou suavizá-la com sentimentalismo. As negações do Terceiro podem envolver cinismo e ridicularizar as emoções, próprias ou alheias. Quando você permanece com um sentimento no Segundo Círculo, começa a saber o que sente e como esse sentimento o afeta.

E agora bom dia às nossas almas que acordam,
E que, por medo, não se contemplam …
John Donne, *The Good-Morrow*

No Segundo Círculo, você tem a chance de ser acordado para as paixões e contemplar os outros sem medo. O medo é a máscara que incapacita a paixão na mente e no coração. Esse é um problema que conhecemos bem, e que passo muitos dias da vida profissional minimizando nos artistas.

Um artista olha conscientemente nos olhos do medo — que lhe habita o corpo, a mente, o coração, a criatividade, a autoestima e mais várias vezes por dia. Sempre que se sentem seguros, o medo surge dentro deles.

Tal qual ator amador no palco
Que com seu medo é substituído em sua parte ...

— William Shakespeare, *Soneto 23*

Todos em uma sala de ensaio sabem que os outros estão com medo. Esse conhecimento partilhado é um luxo que a maioria dos não artistas raramente experimenta. O medo é o segredo que o leva instintivamente para fora do Segundo Círculo, para longe dos pensamentos e sentimentos que você não pode encarar. Contudo, ao não encarar essas paixões, você limita a vida, desconectando-se do maior conhecimento e poder.

Espírito

Quando sentimos grande amor, frequentemente experimentamos a presença da alma e o espírito se sente concreto; ele se funde com nossos corpos, mentes e corações.

O corpo é um aparelho para calcular a astronomia do espírito.

— Rumi

Há uma história hindu famosa sobre um homem que procurava por Deus. Ele estava em uma biblioteca lendo livro após livro e Deus lhe disse: "Eu estou aqui." O homem gritou de volta: "Cale a boca. Estou procurando por Deus."

A maioria das religiões prescreve que, para experimentar uma presença divina, você tem de estar presente. Essa é a conclusão a que Ronald Eyre chegou depois do brilhante documentário de 26 horas *The Long Search*. Eis as palavras sobre as experiências visuais de um monge budista fazendo uma caminhada de meditação, com os pés descalços totalmente conectados com a terra e a respiração plenamente sentida no corpo, ambas funções necessárias para a presença:

> Essa atenção à respiração merece um nome melhor do que "misticismo". Eu a chamaria de prática da presença, de estar onde você está. Presente e sabendo disso. Se o medo da morte tem um solvente e a alegria de viver tem um pivô — é aqui que vou procurar por eles.

Com essa presença, você pode não só encontrar o Divino como também a divindade em outros seres humanos. O equilíbrio, a humanidade e a igualdade. Esse encontro é assustadoramente ausente do fervor do fundamentalismo do Terceiro Círculo.

Muitas histórias descrevem como Buda encontrou o caminho do meio. Gosto desta:

> Buda estava sentado embaixo de uma árvore ao lado de um rio em Gaya, com o corpo desgastado pela privação. Estava em meditação profunda. Um barco desceu o rio com um guru que ensinava os pupilos a tocarem cítara. Em meio ao transe, Buda ouviu o guru dizendo: "Se vocês esticarem demais as cordas, elas arrebentarão. Se as deixarem muito soltas, não sairá som. Vocês têm de encontrar o caminho do meio." O barco foi levado pela corrente e Buda viu uma jovem passando com uma tigela de arroz. Ele pediu um pouco e o comeu.

O caminho do meio. Não ser muito duro nem indulgente consigo mesmo, mas encontrar um meio-termo — ficar centrado e equilibrado, consciente da vida, da humanidade e da igualdade. O de Buda é o da presença e habita o Segundo Círculo.

16
Repouso

Neste ponto nós já trabalhamos na plena presença através da energia do corpo, da respiração, da voz, da linguagem, da mente e do coração, e também tocamos brevemente no espírito. Você realmente começou a jornada. Se agora só interagir com pessoas a partir desses melhores interesses energéticos será capaz de permanecer inteiro no Segundo Círculo.

É claro que isso é idealista, não só porque a maioria das pessoas que conhecemos não nos ama incondicionalmente, e é possível que algumas até queiram nos magoar, como também porque há mais a ser levado em conta. Infelizmente, é inviável percorrer qualquer distância na vida sem experimentar alguma perda, o que pode levar à grande dor. Essa perda, essa dor e esse desespero talvez nos façam perder a presença, nos tirem de nós mesmos e às vezes exijam um esforço concentrado para nos reconectarmos com o mundo.

Alguns de nós têm famílias, amigos e amantes que conspiram para destruir-nos a presença e nos tirar constantemente do Segundo Círculo. Também há empregos que tornam fácil o desligamento, mesmo quando o trabalho realmente exige o Segundo Círculo.

Chamei este capítulo de "Repouso" porque agora você deve começar a repousar no conhecimento que já adquiriu. Isso o ajudará a estar positivamente presente antes de tratarmos das pessoas e dos eventos na vida que lhe desafiarão constantemente o bem-estar e a energia do Segundo Círculo.

Você deve acreditar que tem reservas importantes e estratégias para permanecer presente no corpo. Pode voltar a se centrar, se reenergizar e se reconcentrar no Segundo Círculo após qualquer acontecimento que o empurre para o corpo do Primeiro ou o puxe para o do Terceiro. Agora você tem exercícios respiratórios para manter a respiração livre e em contato com o mundo. Use-os quando a vida alterar-lhe o seu suprimento de oxigênio vital.

Você não precisa permanecer com uma voz fraca ou forçada, porque ambas o afastam do mundo e o mantêm fora da comunicação do Segundo Círculo. Se e quando sentir a mente, o coração e o espírito se fechando ou se tornando exagerados e julgadores, repouse, ajuste e reengaje a presença.

Apreciando a beleza

Você deve ser capaz de praticar ouvir, ler, falar, pensar, sentir, ver e tocar no Segundo Círculo e, em consequência disso, descobrir que assimila o mundo mais claramente. Seria interessante revisitar museus, galerias de arte, paisagens, casas, livros, poemas e músicas que acredita conhecer, e sentir tudo isso de modo diferente e mais profundo no Segundo Círculo.

Talvez tenha começado a ter a beleza do mundo ao redor como certa. No Segundo Círculo, a força vital original de símbolos icônicos ressurge com a presença. Afinal, uma das funções de um artista é nos surpreender e até chocar, levando-nos para o presente; engajar-nos e reeducar a nossa capacidade de olhar, ouvir e experimentar o mundo. Consequentemente, um dos motivos pelos quais os artistas reinventam formas e quebram regras é abalar a nossa complacência e nos ajudar a ver, ouvir, sentir e pensar novamente.

No início da Renascença, Masaccio pintou uma Virgem Maria feia que escandalizou o mundo. Mais tarde, Beethoven rompeu com as formas de música clássica e enfureceu o público. Os Beatles escreveram letras que realmente significavam alguma coisa, tornando o conteúdo lírico da canção tão poderoso quanto a estrutura musical.

O poder dos ícones conhecidos

No Segundo Círculo, experimente algumas das coisas a seguir:

- Reveja pinturas familiares.
- Olhe para prédios sagrados ou outros edifícios pelos quais passa regularmente e note a dedicação ao trabalho na estrutura.
- Ouça mais profundamente uma música que você achava que conhecia bem.
- Note os símbolos que vê em toda parte, como uma bandeira, um crucifixo ou um mapa do metrô.
- Leia palavras que acha que sabe, como as de uma música ou uma oração; poemas e ideias que você tem como certos.
- Veja algumas fotos e filmes que mudaram a consciência do mundo. Por exemplo, da libertação de Buchenwald, da devastação de Hiroshima e do rapaz solitário na praça da Paz Celestial parando um tanque.

Essas imagens parecem ainda mais profundas no Segundo Círculo. O que se torna aparente quando você olha, ouve e lê é se o trabalho perdurará. Na verdade, pode perceber o que é boa e má arte! Mesmo se não gosta de um trabalho nesse estado, pode apreciar-lhe o valor. Muitas obras bem-sucedidas não passam no exame do Segundo Círculo, porque não foram feitas com energia presente.

Por último, revisite os fatos que lhe marcaram a vida e a educação e os experimente de novo no presente, com clareza e novo significado.

17
Trabalhando com o próprio medo

O medo é parte inescapável da vida, mas pode ser reduzido e até tornado inócuo. Vamos trabalhar no medo no Segundo Círculo. Por favor, seja gentil consigo mesmo; se, em algum ponto, isso parecer muito difícil e aflitivo, pare. Você está tentando transformar energias profundas e não será um fracasso se achar certas mudanças inicialmente insuportáveis. Talvez se surpreenda com o fato de que o monstro pode ser uma ilusão. Lembre-se do Mágico de Oz; ele parecia ter todo aquele poder, mas era apenas um velho puxando alavancas.

Enfrentando o medo

Faça este exercício em um lugar seguro, onde saiba que não será interrompido.

- Deite-se no chão de barriga para cima com as pernas apoiadas em uma cadeira em frente. Esta deve estar na altura certa para apoiar confortavelmente as panturrilhas, deixando-lhe as coxas livres. Ponha um livro fino ou uma almofada embaixo da cabeça.

- Uma respiração baixa e profunda não só o oxigena como desperta-lhe as emoções. Como o corpo, a emoção tem movimento e precisa de ar. Durante este exercício, mantenha a respiração o mais baixa e silenciosa possível.
- À medida que o exercício for progredindo, você pode chorar e sentir o corpo e a respiração querendo se afastar do medo. No Terceiro Círculo, isso começará com o levantamento do esterno e com você prendendo a respiração; ou, no Primeiro, os ombros ficarão caídos.
- Enquanto estiver deitado, respire profundamente e comece a falar sobre os próprios medos no Segundo Círculo: "Eu tenho medo de…"
- Comece com objetos ou animais, como por exemplo aranhas, cobras, certos alimentos, cães, facas, telefones e edifícios altos.
- Passe para eventos, como ir ao dentista, falar em público, entrar em uma sala cheia de gente, ficar em uma plataforma de metrô.
- Agora passe para pessoas, como pais, patrão, parceiro, irmão ou irmã.
- Agora mencione nomes de pessoas ou acontecimentos do passado. Esses medos ainda existem? O que você teme no presente? O que teme no futuro?

Você descobrirá que, ao falar sobre todos esses temores no Segundo Círculo, eles começarão a perder a força.

As reações emocionais a esse exercício o ajudarão a identificar como você lida com o medo. As táticas do Primeiro Círculo incluem o esforço de agradar, ser estimado ou evitar o medo, enquanto as do Terceiro incluem tentar eliminá-lo ou controlá-lo.

Se este exercício for útil, repita-o dentro de algumas semanas. Você descobrirá que certos temores desapareceram; os que restaram devem ser tratados porque o impedem de sentir o coração pleno no Segundo Círculo.

Conhecer os próprios medos é uma importante janela para o autoconhecimento. Conhecer-se é a jornada mais criativa, interessante e difícil que fará, e ninguém pode realizá-la por você. Não pode começar ou continuar a jornada se não encontrar — coração e mente — a si mesmo e os outros no Segundo Círculo.

"Conhece-te a ti mesmo" — essas palavras acolhiam os visitantes que iam consultar o Oráculo de Delfos, na Grécia, 2.500 anos atrás, e a jornada continua.

> Que obra-prima o homem! Quão nobre pela razão! Quão infinito pelas faculdades! Como é significativo e admirável na forma e nos movimentos! Nos atos quão semelhante aos anjos! Na apreensão, como se aproxima dos deuses, adorno do mundo, modelo das criaturas!
>
> — WILLIAM SHAKESPEARE, *Hamlet*

Os seres humanos são realmente surpreendentes. Você não deve deixar o medo lhe bloquear todo o potencial — mas bloqueará, se ignorado.

18
Defendendo a presença

Antes de você enfrentar os desafios diários da vida, precisamos considerar algumas estratégias técnicas para ajudá-lo quando a energia do Segundo Círculo estiver ameaçada.

Essas circunstâncias sempre são complexas. Mas quanto mais você permanecer no Segundo Círculo, mais consciente ficará de crescentes complexidades. Logo verá sinais de perigo que não enxerga no Primeiro ou Terceiro. Nestes, frequentemente a ameaça e o perigo que os acompanham duplicam, quando não triplicam, antes do alarme interno ser acionado para a sobrevivência.

Você precisará de duas estratégias fundamentais:

1. Como permanecer no Segundo Círculo quando uma ou mais pessoas o empurrarem para o Primeiro ou Terceiro; e
2. Como guiar uma pessoa ou um grupo do Primeiro ou Terceiro Círculo para o Segundo.

Essas duas estratégias são positivas. Há momentos na vida em que você pode precisar de um segundo conjunto de planos:

1. Como se retirar do Segundo Círculo para o Primeiro ou Terceiro; e
2. Como entrar no Segundo Círculo vindo do Primeiro ou Terceiro.

Como permanecer no Segundo Círculo

Qualquer pessoa que o ameace usará estratégias para enfraquecê-lo, contê-lo no Primeiro Círculo ou forçá-lo a entrar em um agressivo Terceiro e criar mais conflito.

É difícil permanecer no Segundo Círculo quando alguém o deprime de modo a levá-lo para o Primeiro ou o incita a entrar no Terceiro. Mas as duas mudanças significam que você "perdeu". Pode ver isso observando um jogador de futebol altamente concentrado no Segundo que, quando insultado por outro, comete uma falta, entrando insensatamente no Terceiro, e sendo expulso do campo. Ou na mudança de energia em um confronto, quando violência desnecessária e impensada ocorre no momento em que uma ou as duas partes perdem a paciência e entram em atrito no Terceiro Círculo.

Se você passar algum tempo com um grupo de pessoas do Primeiro Círculo, se verá se retirando para a energia delas. Todos já entramos em uma sala no trabalho ou em uma reunião social e sentimos a energia do Primeiro. Então sabemos que estamos sob a ameaça de momentos terríveis e deprimentes. Aconselho-o a tentar perceber esse tipo de energia em entrevistas de emprego, porque ela só é mudada a partir de cima.

O Círculo de energia que encontrar pode encorajar a energia a se mover na direção oposta. As reuniões do Primeiro podem forçá-lo a ir para o Terceiro, ou a energia do Terceiro fazer você se retirar para o Primeiro.

Comece a identificar as mudanças energéticas quando as pessoas tentarem mudá-lo e reduzir-lhe o seu pleno poder do Segundo Círculo. Estas são as qualidades que você deve manter quando outra energia estiver ao redor ou tentando mudá-lo:

Corpo: ombros abertos, parte superior do peito relaxada, maxilares soltos, cabeça no alto da espinha dorsal — bem posicionada —, pés no chão, joelhos destravados.

Respiração: calma e silenciosa, entrando profundamente no corpo e abrindo as costelas e a área abdominal inferior. Você está respirando para pontos de foco fora de si mesmo, tocando onde está se concentrando.

Olhos: concentrados no mundo ao redor.

Voz: livre, aberta e voltada para fora, àqueles com quem está falando.

Ouvidos: alerta, prestando atenção às pessoas.

Coração e cabeça: curiosos, não julgadores, cheios de sentido e sentimento.

As mudanças a seguir podem ser muito sutis, mas com a prática você começará a reconhecê-las.

Quando para o Primeiro Círculo podem incluir:

Corpo: ombros se arredondando, peito e espinha dorsal abaixando, cabeça afundando, corpo distorcido ou irrequieto.

Respiração: rápida, totalmente presa ou em pânico.

Olhos: visão pouco clara — cores sem brilho.

Voz: fraca e arrastada; desaparecendo.

Ouvidos: com dificuldade de ouvir.

Coração e cabeça: entediados, impotentes, divagando, pensando e se preocupando consigo mesmo.

Se para o Terceiro Círculo podem incluir:

Corpo: enrijecimento e levantamento dos ombros, do peito, da espinha dorsal e dos maxilares: posição rígida.

Respiração: ruidosa, deliberadamente forçada e travada quando se inspira. Ultrapassa as pessoas e o espaço em que está. Tomada excessiva de ar.

Olhos: fixos e examinando, em vez de olhando.

Voz: muito alta e insistente, forçando energia, interrompendo e abafando a dos outros; empurrada.

Ouvidos: escolhendo as coisas que se quer ouvir e ignorando as outras.

Coração e cabeça: sentindo que você tem de forçar algo. Julgadores, com frequência tentando desesperadamente mudar as opiniões alheias e controlar o clima emocional e intelectual.

As mudanças mais imediatas a fazer se quiser permanecer no Segundo Círculo são:

Ajustar as tensões do corpo — ombros, parte superior do peito, espinha dorsal, maxilares, joelhos — e manter uma posição centrada.

Respirar calma, silenciosa e profundamente para a pessoa ou grupo.

Manter a voz aberta; não falar rápido demais (Terceiro Círculo) ou devagar demais (Primeiro). Sustentar a voz sem forçá-la.

Olhar, ouvir, sentir e pensar sem objetividade e com curiosidade.

Todos esses ajustes podem ser feitos sem que ninguém os veja. Embora seja difícil permanecer no Segundo Círculo, fazendo isso você não se sentirá esgotado ou derrotado por encontros e acontecimentos como se sentiria se fosse arrastado para longe de si mesmo — fora dele.

Como guiar os outros para o Segundo Círculo

O mais importante é saber que não há como guiar alguém para fora do Primeiro ou Terceiro Círculo se você não estiver no Segundo. É preciso dissipar o medo que as pessoas têm de você adotando a atitude dedicada e não julgadora do Segundo Círculo.

Às vezes realçá-lo em todo o corpo e na respiração atrai pessoas (do Primeiro) ou as solta (do Terceiro) para o Segundo.

Se você se sente seguro com alguém, pode ajudá-lo a entrar no Segundo Círculo tocando-o no braço e fazendo um claro contato visual com ele. Não apresse esse contato, espere-o acontecer.

Você pode criá-lo com um grupo. Olhar ao redor com o objetivo de estabelecê-lo pode levar todo mundo para o Segundo Círculo. Do mesmo modo, tocar nas pessoas no Segundo, respirando para elas até responderem. É possível respirar para todo um grupo nesse estado.

Permaneça no Segundo Círculo enquanto fala. Não fique tentado a erguer a voz ou ser subjugado. Exibindo uma audição aguda do Segundo Círculo, você é capaz de atrair alguém para essa energia. Desde que não pareça muito crítico, mas dedicado e interessado, pode fazer perguntas para levar uma pessoa a entrar em contato com você. Assim, regulá-las se estiverem muito quietas ou ruidosas.

Demonstrar interesse por alguém no Primeiro Círculo pode atraí-lo para o Segundo. Faça perguntas simples e diretas. Uma pessoa no Terceiro Círculo frequentemente entra no Segundo quando você lhe pede para explicar mais detalhadamente algo sobre o que está falando. Faça-a personalizar a informação e sentir em vez de pensar. Seja o que for que aconteçer, permaneça no Segundo Círculo.

Como se retirar do Segundo Círculo para o Primeiro ou Terceiro

Há ocasiões em que você precisa se ausentar do Segundo Círculo como, por exemplo, quando alguém o está aborrecendo, talvez sendo muito intrusivo. Ausentar-se é opção melhor do que confrontar essa pessoa. Você pode se retirar (para o Primeiro) ou se defender erguendo uma barreira (no Terceiro).

Esses movimentos só são apropriados se não prevê perigo ou não percebe verdadeira malícia naqueles ao redor. Você terá de escolher se quer parecer distante ou defendido.

Para se mover para o Primeiro Círculo, precisa deixar o corpo desabar um pouco e ficar com a respiração rasa. Essas ações físicas o desligarão. Provavelmente parecerá menos ofensivo para as pessoas ao redor do que se transferindo para o Terceiro, mas ficará menos defendido. Para se defender totalmente, erga os ombros e o peito, estique a espinha dorsal, respire profundamente algumas vezes e irá para o Terceiro.

Se houver perigo, terá de aprender a misturar Círculos, parecendo fisicamente no Primeiro ou Terceiro, mas permanecendo alerta em um Segundo oculto e intenso. Isto é, seguirá as instruções físicas do Primeiro ou Terceiro, mas ainda ouvirá, pensará e sentirá no Segundo.

A melhor opção entre demonstrar o Primeiro ou Terceiro Círculo é determinada pela compreensão da natureza do perigo. O Primeiro o fará parecer casual e impassível, talvez mais como uma vítima. O Terceiro parecerá mais um desafio para os outros ao redor e pode despertar atenção, mas também reprimi-los.

Você já sentiu essa mistura de Círculos se esteve em um ônibus ou trem subitamente ocupado por garotos bagunceiros. Permaneceu conectado a eles, mas fingiu um interesse do Primeiro Círculo em um livro ou olhou para fora da janela.

Como ir do Terceiro ou Primeiro Círculo para o Segundo

Essas manobras são essenciais quando você percebe que uma pessoa ou circunstância exige-lhe total atenção. Talvez tenha julgado mal as necessidades de alguém ou a importância de um momento, ou fique surpreso com um acontecimento e precise ir rapidamente para o modo de sobrevivência.

Se estiver no Primeiro Círculo, estique a espinha dorsal, solte os ombros, respire para a pessoa ou sala e faça um claro contato visual ou auditivo. Se no Terceiro, solte a parte superior do peito (colocar a mão no local ajuda) e os maxilares, acalme a respiração e a recoloque no espaço e nas pessoas nesse espaço. Ouça e olhe cuidadosamente para o(s) outro(s) em questão. Note o que estão dizendo e usando. Não tenha nada como certo. Tente pensar o que estão pensando e sentir o que estão sentindo.

Misturando Círculos

A esta altura você já percebeu que as combinações de Círculos entre pessoas são infinitas e estão sempre mudando. Percebeu o potencial de misturá-los.

Dirigir um carro e ouvir música deve ser uma mescla do Segundo Círculo na estrada com a música no Primeiro. O motivo pelo qual dirigir falando ao celular pode ser letal é que a atenção à estrada é puxada do Segundo para o Primeiro e a atenção ao telefone é puxada para o Segundo.

Ouvir música em um iPod significa prestar atenção na música no Segundo, e estar vulnerável em ambientes perigosos, pois está no Primeiro Círculo para o mundo. Em alguns grupos de amigos ou panelinhas no trabalho, é possível observar o grupo fingindo estar desconectado (Primeiro) a um professor ou apresentador, mas indivíduos desse grupo que temem ser considerados "caretas" ouvem no Segundo. Em geral, são pessoas que, embora tenham ambição, não são fortes o suficiente para mostrar ao grupo o próprio interesse. Isso pode funcionar do modo oposto. Imagine a bravata de uma gangue no Terceiro Círculo com um indivíduo mais sintonizado com o mundo e com as pessoas nele — no Segundo. Nesse caso, esse indivíduo tem mais humanidade que o restante do grupo e é para ele que apelamos se o grupo se volta contra nós.

Você começará a reconhecer a mistura dos Círculos em várias pessoas e situações:

- Há pessoas que o ouvem no Primeiro Círculo e respondem no Terceiro. Elas o escutam através de si mesmas e das experiências delas, e respondem falando de modo geral.
- Algumas ouvem no Segundo Círculo, mas respondem no Primeiro ou Terceiro. Elas ouviram especificamente você, mas preferem responder de uma maneira que se desvia de sua especificidade.
- Outras se desligam quando você fala com elas (Primeiro) ou o bloqueiam (Terceiro).
- Há aquelas que usam a linguagem íntima do Segundo Círculo, mas na verdade estão lidando com você no Primeiro ou Terceiro.
- Pense nos momentos às vezes sensuais em que uma linguagem aparentemente formal e distante do Terceiro Círculo é usada em um estilo inapropriado do Segundo. Por exemplo, você pode saber que algo insultante ou sugestivo está sendo comunicado, mas não ter uma evidência real disso na linguagem.

Exercícios diários

Passe um dia observando a mistura de Círculos. Os acontecimentos principais poderiam incluir:

Defendendo a presença

- Viagem — você no Primeiro Círculo com o ambiente, mas no Segundo com a música ou um jornal.
- Estar entediado (Primeiro), mas ter de dar a impressão de que está fazendo o trabalho ou interessado no que um colega está dizendo.
- Confrontar alguém que o assusta — isso será uma mistura do Terceiro com o Segundo em alerta ou do Primeiro com o Segundo engajado.
- Socializar-se em um bar barulhento em que apenas a comunicação do Terceiro funciona, mas deve parecer estar no Segundo.
- Um momento em que está distraído com uma tarefa física que parece ter toda a atenção do Segundo Círculo, mas na verdade ouvindo uma conversa no Segundo e completando a tarefa no Primeiro ou Terceiro.

Você deve estar começando a perceber o quanto está apto a mover energias através e ao redor de si. Esses reconhecimentos diários de energia, por sua vez, lhe darão mais poder, compreensão e controle das interações.

19
Os sabotadores

> Não faça aos outros o que não quer que façam a você.
> — A Regra de Ouro

Quando os atores perdem a presença, falam sobre um olho de fora que os olha e julga. Esse olho sabota o trabalho.

Infelizmente, na vida real há pessoas determinadas a lhe estragar o dia e diminuir, senão tirar, totalmente, a presença. Alguns desses "sabotadores" são óbvios — você sabe quem tende a estragar uma festa se for convidado. Outros são mais sutis; mas aposto que se você sentir a energia do Segundo Círculo ameaçada, provavelmente está na presença ou lembrança de um sabotador. Na verdade, foi um sabotador que lhe tirou a presença.

A discussão a seguir explorará os efeitos dos sabotadores, mas é importante nos lembrarmos de que a via de mão dupla da energia íntima do Segundo Círculo também exige que sempre estejamos conscientes da própria capacidade de sabotar aqueles com quem interagimos. Assim que nos conectamos a outras pessoas, temos poder através dos corpos, das mentes, dos corações e dos espíritos delas.

Sabotadores físicos, sexuais, emocionais, intelectuais e espirituais

Quando um sabotador se aproxima, o ameaça ou abusa de você em qualquer contexto, torna-se um predador e o considera um alvo. Isso é porque você parece uma vítima no Primeiro Círculo. Certa vez trabalhei com uma bailarina famosa que me disse que Rudolf Nureyev a deixou cair deliberadamente na primeira grande oportunidade no Royal Ballet. Ela substituíra uma primeira bailarina machucada e, para seu horror, no palco em frente da realeza, ele a deixou cair. Anos depois, encontrou coragem suficiente para lhe perguntar por que fizera isso. A resposta dele foi simples e sincera: "Porque você permitiu."

Às vezes um sabotador vai atrás de uma energia do Terceiro Círculo. Nessas ocasiões, a vítima parece muito convencida, atrevida ou arrogante e grupos inteiros podem combinar derrubá-la. Na Austrália, isso é chamado de "síndrome da papoula alta". Qualquer um que mostre as pétalas acima do restante deve ser podado.

Infelizmente, algumas mulheres no Terceiro Círculo se deparam com essa força na forma de assédio sexual. A defesa para tal atitude é "elas mereceram". Na década de 1970, um juiz inglês famoso disse ao mundo que uma mulher estuprada estava "pedindo por isso".

Antes de trabalhar em soluções práticas para essas ameaças à energia, você deve considerar os pontos a seguir:

> Os predadores que podem ser contidos, aqueles com quem você consegue lidar, em particular fisicamente, são intimidadores do Terceiro Círculo que não atacam ninguém mais forte do que eles. Contudo, se um intimidador está no Segundo Círculo, é muito perigoso e você deve procurar ajuda imediatamente.

Você deve assumir a responsabilidade pela própria energia, o que talvez signifique ter de mudá-la drasticamente diante de uma ameaça.

Ninguém pode lhe dizer como sobreviver a um encontro ameaçador porque a sobrevivência ocorre no momento, e este não pode ser descrito antes do acontecimento.

Essas são apenas diretrizes. A melhor defesa é estar no Segundo Círculo o tempo todo na presença de qualquer perigo.

20
Ameaças

Ameaças físicas

Em geral os sabotadores são pessoas que você conhece e costuma encontrar regularmente. Mas também há ameaças que surgem do nada. É essencial estar alerta e no Segundo Círculo quando um ambiente parecer — e for sabidamente — hostil.

Ruas escuras, parques, estacionamentos, áreas violentas de uma cidade, a chegada de bêbados ruidosos ou um grupo de jovens procurando encrenca no espaço — tudo isso cria sentimentos de desconforto. Em alguns desses ambientes ou cenários é muito imprudente não estar no Segundo Círculo ou fazer algo que o impeça de ficar nele. Isso pode incluir falar ao celular ou ouvir música em um iPod. Também é uma péssima ideia ir para casa à noite passando por um parque ou em um táxi se você estiver bêbado ou tiver usado drogas. O Segundo Círculo será prejudicado e você se tornará a presa dos sonhos de um predador.

Contudo, em certos cenários, como quando está preso em um espaço com uma força ameaçadora — ônibus, trem ou táxi —, talvez seja prudente fingir estar no Primeiro Círculo, lendo um livro ou ouvindo música, mas permanecer muito firmemente no Segundo. Você pode até adotar uma imagem corporal do Primeiro, reduzindo fisicamente a presença. Mover-se para o Terceiro pode encorajar um ataque, mas ser eficaz se os predadores estiverem blefando.

Em ambientes fechados, verifique onde é a saída mais próxima e não espere nem mais um segundo se precisar usá-la. Saia do trem, embora obviamente não em uma plataforma deserta, ou troque de vagão, mas aja mais cedo do que tarde demais. Os instintos são intensificados no Segundo Círculo e só hesitamos no Primeiro ou Terceiro. Os assim chamados "garotos da cidade" sabem como permanecer no Segundo. Os outros dois Círculos podem levá-lo a pensar que o perigo não é real ou não existe. No Segundo os instintos de sobrevivência raramente se enganam. Às vezes você se vê entrando rapidamente nele para avaliar bem um perigo.

Muitas pessoas foram criadas para acreditar que as autoridades, a polícia etc. cuidarão delas, mas nos momentos críticos de crise você só tem a si mesmo e à própria presença como ferramenta para a sobrevivência. Quem não confia nas autoridades age mais rápido quando ameaçado. Se a situação se acelerar, e ignorar o predador ou a multidão não funcionar, você terá de permanecer no Segundo Círculo e fazer contato visual.

Lembre-se de que não há formas confiáveis de sobreviver, mas eis algumas sugestões.

Estratégias quando ameaçado

- Evite o Terceiro Círculo. A agressão só estimulará o agressor.
- Respire o mais baixo que puder na direção do agressor.
- Fique em pé ou se sente aprumado no centro.

- Fale com a pessoa calma e até gentilmente. Isso pode humanizá-la e tornar-lhe mais difícil feri-lo.
- Em um grupo, tente o contato visual com o líder. O resto esperará pela ordem dele. Isso será difícil se todos estiverem bêbados, mas você pode conseguir encontrar o membro mais sóbrio da gangue.
- Se houver oportunidade de fugir correndo, aproveite-a.
- Se achar que gritar ajudaria, faça-o no Segundo Círculo.

Ameaças físicas em casa

Estranhamente, os ambientes que nos encorajam a nos sentir seguros podem ser os mais perigosos. Você relaxa e sai do Segundo Círculo para o Primeiro. Isso pode acontecer após um dia longo e difícil de trabalho, quando está caminhando para o carro ou entrando em casa. Tente fazer essas coisas no Segundo. Não se desligue até estar seguro e certo de que realmente está sozinho, com a porta trancada.

Em casa, qualquer barulho incomum ou qualquer estranho que entre — mesmo se for um faz-tudo ou um carteiro que você conhece vagamente — na casa deve colocá-lo imediatamente no Segundo Círculo. A casa deve ser segura. Ameaças nela são intoleráveis, motivo pelo qual a violência doméstica é tão vil — quem abusa de você em sua casa está violando um lugar sagrado de confiança e paz. Faça-o sair ou saia você mesmo.

Ameaças físicas no trabalho

Você deve se sentir seguro no trabalho, caso contrário não conseguirá produzir eficientemente. Os bons funcionários estão no Segundo Círculo, o que é impossível se você está sendo intimidado por um colega ou um grupo deles. As ameaças e o abuso são formas de tortura e é muito deprimente ter de passar o dia inteiro nesse tipo de clima.

Uma lista de verificação para o trabalho

Eis alguns fatos que deve avaliar se está sob ameaça:

- Você está no Primeiro ou Terceiro Círculo no trabalho? Se no Primeiro, é visto como vítima e presa fácil. Se no Terceiro, incomoda os intimidadores e eles desejam derrubá-lo.
- Os intimidadores estão no Terceiro ou Segundo Círculo quando atacam? Na maioria das vezes no Terceiro, mas, se no Segundo, são extremamente cruéis e perigosos.
- Se formam um grupo, estão no Terceiro Círculo nas conspirações hostis contra você? Ou, mais cruelmente, no Segundo?

Você deve tentar permanecer no Segundo Círculo com os intimidadores. Continue no corpo e na respiração desse estado, respire para eles, mantenha a voz calma e aberta e um bom contato visual. Ao entrar em uma sala, faça isso nesse Círculo, mesmo se não o tiverem notado.

Se estiver lidando com intimidadores do Terceiro, a conexão com a presença e o poder os desconcertará. Ficarão confusos por você não estar se comportando como esperam e isso pode bastar para que o deixem em paz e procurem outra vítima, que é, afinal, do que precisam. Se estiver lidando com um do Segundo, essa tática pode não funcionar. Contudo, uma reação também do Segundo pode levar o intimidador a ver a antiga vítima como aliada, e até como amiga! Eu me lembro de que, com nove anos, enfrentei uma intimidadora na escola. Ela passou os sete anos seguintes tentando fazer amizade comigo.

Na presença de um intimidador há duas reações instintivas. Uma é desaparecer no Primeiro Círculo. Essa só funciona se ele fixa a atenção em outra pessoa. Pode ser que não o note, mas abusará de outro no local de trabalho. No Primeiro Círculo, portanto, você é cúmplice na intimidação e só o espera voltar a atenção para você, em data posterior. E ele voltará. A segunda reação é enfrentá-lo no Terceiro Círculo. Isso pode funcionar se vocês têm poder e apoio igual no grupo, mas aumentará o conflito, talvez até a ponto da violência. Intimidar um intimidador o fará ser notado, mas só faça isso se puder lidar com as consequências.

Como intimidar um intimidador

- A solução mais segura quando intimidado é se manter constantemente no Segundo Círculo. Permaneça nele fisicamente, respirando para o intimidador.
- Seja especialmente cuidadoso quando o intimidador ou os intimidadores invadirem-lhe o espaço ou você o dele(s). Tome cuidado ao dar-lhe(s) as costas no espaço.
- Não demonstre o Primeiro Círculo e permaneça no Segundo, através do foco e da respiração, quando estiverem importunando outra pessoa.
- Demonstre solidariedade para com a vítima. Não ignore o abuso contra si mesmo ou outra pessoa, porque este deve ser testemunhado.

É importante que entre em todas as situações novas, de trabalho, encontros, festas etc. no Segundo Círculo para assinalar claramente que não é uma vítima, antes de relaxar no Primeiro. Quando nervoso ou ansioso por impressionar, é fácil entrar em situações novas no Terceiro Círculo, mas isso pode fazer as pessoas quererem abrandar-lhe um pouco o tom. Avalie todas as situações novas no Segundo Círculo, ouvindo antes de agir.

Você pode observar em todas as situações os erros de um recém-chegado que deseja impressionar muito rapidamente. No entusiasmo do Terceiro Círculo, não avalia claramente as situações e se mete onde não é chamado sem entender as estruturas de poder no ambiente. Esses intrusos são tratados com desdém e podem receber punição dos participantes qualificados do grupo. Permanecer no Segundo Círculo lhe dá chance de avaliar bem cada cenário; de parecer forte, sensível, claro e atencioso; e ser notado de modo positivo.

Se essas estratégias não funcionarem, você tem algumas escolhas difíceis a fazer porque um intimidador não melhorará, esteja você no Primeiro, no Segundo ou no Terceiro Círculo. Comece fazendo anotações, documentando o abuso e avaliando se deve ir embora ou procurar o chefe dele. Verifique quais são os processos da empresa para lidar com as ameaças. Não as deixe prejudicá-lo ou destruí-lo, porque é isso que o intimidador quer.

Você é o intimidador?

Neste ponto do livro, você saberá se tende a intimidar. Todos nós tendemos, particularmente quando intimidados, porque temos mais noção de quem pode sê-lo facilmente.

- Se você é um intimidador do Terceiro Círculo, pode lidar com a tendência se retirando para o Segundo na presença da vítima. Se ainda continuar com vontade de intimidá-la, retire-se mais ainda e vá para o Primeiro.
- Encontre algo de que goste ou que respeite na pessoa. Veja o mundo do ponto de vista dela.
- Se tudo o mais falhar, evite-lhe a companhia. Afaste-se.

Ameaças Sexuais

Certos ambientes encorajam o assédio sexual. Esses lugares incluem bares barulhentos, festas e multidões. A presença de álcool também leva a maioria de nós para o Terceiro Círculo, longe da clara sensibilidade aos outros, diminuindo-nos a capacidade de ver os sinais sexuais claramente. Essa falta da energia do Segundo se torna óbvia quando você encontra aquele oásis maravilhoso do contato desse Círculo nos ambientes com o excesso de energia generalizado das reuniões do Terceiro. Se você estiver no Primeiro, achará difícil comunicar bem um não a um predador sexual cheio da energia do Terceiro; e se estiver neste, não perceberá alguns dos primeiros sinais de aviso.

Se não puder permanecer no Segundo Círculo em um bar barulhento, entre rapidamente no Segundo ao primeiro sinal de perigo.

Como perceber ameaças sexuais

- Se flerta com uma pessoa no Terceiro Círculo e a vê entrando no Segundo com você, esse é um claro sinal de que ela acha que você está receptivo.
- Se flerta com alguém e ambos estão no Segundo, talvez tenha de assumir a responsabilidade, porque parecerá que está receptivo.
- Se flerta com uma pessoa e ela vai para o Primeiro, não o deseja. Deixe-a em paz porque provavelmente só o está tolerando porque você tem algum poder sobre ela.
- Se não desejar uma pessoa sexualmente e ela se aproximar, vá para o Segundo Círculo e lhe diga isso direta e gentilmente o mais rápido possível. Se ela continuar, o assédio se tornará claro e intencional.

Quando você se socializa, até certo ponto tem consciência de que a energia sexual está presente. Os ambientes em que é mais difícil lidar com essas ameaças são aqueles em que não esperamos ser tratados como objetos sexuais: no trabalho, na escola e em casa.

Ameaças sexuais no trabalho

No trabalho, particularmente se estamos entediados, os flertes são excitantes, mas muito destrutivos para o ambiente. Contudo, esse tipo de atividade nem sempre pode ser qualificada como assédio sexual.

Este começa com o mau uso do poder para fazer sexo, tema que está sendo constantemente debatido porque as mulheres começaram a ganhar força no local de trabalho. Elas têm de assumir a responsabilidade se usam mal a influência sexual para obter promoção. Isso não só não funciona como denigre o sexo feminino. Os "flertes de poder", como eu os chamo, tornam quase impossível para as demais terem um encontro de negócios em um bar. Realmente não as culpo, porque muitas foram desde cedo ensinadas a agradar aos homens. As técnicas para agradá-los são muito confusas para estes, que podem ser encorajados a achar que elas os consideram atraentes sexualmente. Essa confusão se torna crítica no local de trabalho quando as mulheres lutam por poder e igualdade. Elas devem se tornar mais conscientes do poder sexual através do Segundo Círculo; e depois podem escolher não usá-lo e assumir a responsabilidade se o fizerem.

Todos os homens deveriam tentar entender, através da conexão com as mulheres no Segundo Círculo, que essas técnicas para agradar resultam de uma crença antiga de que os homens têm poder sobre elas. Algumas se sujeitam a eles devido a essa longa história de poder masculino.

O homem iluminado deve resistir à tentação de reduzir o poder das mulheres assediando-as sexualmente. De igual modo, as que desejam evitar o assédio sexual não devem flertar e depois reclamá-lo, ou assediar os homens sobre os quais têm poder. Muitos dos erros iniciais que homens e mulheres cometem resultam de não terem interpretado bem os sinais.

Todos nós temos o direito de usar roupas sexualmente provocantes, mas é mais difícil ser visto no Segundo Círculo se você está projetando um forte sinal verde. Isso tende a ser uma afirmação generalizada do Terceiro que anuncia o sexo, não a inteligência. Se você se vestir assim, os homens não iluminados em uma posição de poder acharão que está tentando agradá-los e conquistá-los. Ou, se trabalharem para você, presumirão que ganhou poder através do sexo, não da própria experiência. Isso será mais visível nas mentes daqueles que lhe invejam a posição, inclusive das demais mulheres que lhe são subordinadas.

Se usar essas roupas, prepare-se para ter problemas. Permanecer no Segundo Círculo a alertará mais cedo sobre isso e pode até ajudar os outros a verem por trás da aparência. Contudo, não espere muito apoio das pessoas ao redor, particularmente de outras mulheres, se acharem que está em uma competição sexual com elas.

As formas masculina e feminina ainda podem ser exaltadas no Segundo Círculo sem provocarem — pense no *David* de Michelangelo ou na *Vênus* de Botticelli. Os homens e as mulheres ainda podem se vestir de um modo que celebre a forma física e os atributos do próprio sexo. Se você se vestir com a consciência do Segundo Círculo do ambiente ou da pessoa para quem está se vestindo, poderá ter a liberdade de expressão pessoal através da moda sem provocar involuntariamente críticas.

Ameaças sexuais na escola

O bom ensino realmente ocorre no Segundo Círculo, mas essa presença deve ser estimulada pelo desvelo e não por desejo sexual.

Embora tentador, nenhum professor deve flertar com uma aluna ou assediá-la, porque lhe estaria prejudicando o aprendizado e comprometendo o dos outros alunos na classe.

A idade delas é irrelevante, porque a questão central é a do mau uso do poder. Qualquer exame tranquilo da dinâmica sexual entre professor e aluna revela um fato fundamental: ela quer agradá-lo e, portanto, tende ao flerte. Se você é um professor nessa situação, lembre-se de que não é com você que a aluna fantasia, mas com o poder que tem. Se achar que uma delas o está encorajando a flertar, retire-se. Não se sinta lisonjeado — afaste-se e não fique a sós com ela.

De igual modo, a aluna que acha que um professor está flertando com ela deve se retirar e evitar ficar a sós com ele, desestimulando-o.

Ameaças sexuais em casa

A pior forma de abuso ocorre nas famílias, quando aquele que deveria ser o principal protetor de uma criança se transforma no predador. O abuso sexual ou físico infantil é obsceno e provavelmente destruirá para sempre a energia e presença da criança no Segundo Círculo. Às vezes, nem mesmo quantidades enormes de terapia mais tarde na vida lhe recuperam a antiga sensação de confiança e conexão.

Recentemente lecionei para uma senhora cujo avô tinha abusado sexualmente dela desde que tinha quatro anos. A mãe, a avó e o pai permitiram isso em uma terrível conspiração de silêncio. O avô era poderoso e uma grande figura patriarcal. Essa corajosa senhora estava voltando à vida quarenta anos após o abuso, então sorriu ironicamente e me disse: "Fora tudo o mais, você sabe quanto esse abuso me custou em terapia? Eu só gostaria que minha mãe soubesse disso."

Maridos batem em mulheres; mulheres batem em maridos; ambos geralmente permanecem no relacionamento porque entram em um confuso Primeiro Círculo. Contudo, a situação pode ser mais sutil.

Pais e mães podem falar sobre os corpos dos filhos de modo abertamente sexual. Talvez, de forma ainda mais sutil, estimulada por alguns aspectos da mídia, haja uma tendência dos pais a ensinar os filhos a flertar e depois recompensá-los por essa atitude. Se isso for feito em um intenso Segundo Círculo não só será profundamente perturbador para a criança como o pai também a preparará para ser um principal alvo de assédio mais tarde na vida.

É relativamente fácil reconhecermos o abuso físico e sexual nos arrancando do Segundo Círculo. Sabemos quando os sabotadores nos atingem desses modos, e também quando atingimos e ferimos os outros. Menos óbvio é quando encontramos sabotadores intelectuais, emocionais ou espirituais de nossa presença.

Ameaças intelectuais

Frequentemente o abuso intelectual é o arrogante menosprezo do Terceiro Círculo de sua inteligência que nem mesmo considera-lhe o ponto de vista. Também pode ser mais sutil no rolar de olhos do Primeiro Círculo que lhe ridiculariza as ideias. Os tiranos intelectuais ferozes empreenderão um total ataque do Segundo Círculo às pessoas menos instruídas e poderosas que eles. Esse tipo de ataque é um jogo justo entre iguais, mas o equivalente a um assalto quando derruba alguém menos equipado. Pense nas pessoas a seguir e imagine o impacto dos comentários delas nos alvos.

Sinais reveladores de abuso intelectual

O marido que chama a mulher publicamente de estúpida.
A mulher que zomba publicamente das opiniões do marido.
Os pais que rejeitam as opiniões dos filhos.
O chefe que sempre acha que ninguém sabe mais do que ele.
O professor que nunca está errado.

Como evitar esse abuso

O único modo de lidar com o abuso intelectual é a advertência. Faça-a calma e livremente no Segundo Círculo, com perguntas diretas:

— Você percebeu que acabou de desprezar meu ponto de vista?
— Você acha que não sou inteligente?
— Você sempre trata as pessoas assim?

Você poderá obter algumas respostas sinceras e dolorosas, mas pelo menos começará a conhecer o inimigo. Esse tipo de intimidação intelectual raramente é contestado.

Você também pode se ver em situações em que um intimidador está atacando um amigo ou colega e tem uma decisão mais complexa a tomar. Frequentemente esse é o caso em um jantar "civilizado" no qual um parceiro ataca o outro. Você toma o partido da vítima ou não? Obviamente, isso é muito difícil, mas você deve permanecer conectado com a vítima no Segundo Círculo, sem precisar necessariamente vocalizar o apoio.

Deve ter consciência do perigo e reconhecer que se alguém o insulta está tentando diminuí-lo.

Se reagir a um insulto no Terceiro Círculo, isso intensificará a discussão e ela poderá ficar fora de controle. Uma resposta no Primeiro é fraca; você perdeu e será atacado de novo. Permaneça em um calmo Segundo. Se o insulto for feito no Primeiro ou Terceiro, você pode desarmar o atacante lhe pedindo, no Segundo, para repeti-lo. Tente fazê-lo permanecer nesse Círculo. Não recue. Se ele continuar, pode tentar falar-lhe calmamente nesse estado, mas se isso for impossível não se envergonhe de ir embora — no Segundo.

Se você está claramente no Segundo Círculo quando reage a um insulto, pelo menos ele é testemunhado e quem o fez não escapa totalmente impune. Em outras palavras, a pessoa sabe o que fez e está consciente de que o mau humor foi testemunhado.

Ameaças emocionais

Frequentemente o abuso emocional é mais sutil do que o intelectual, mas o quanto é familiar esta ladainha do abuso?

— Você não sente que... eu sinto mais do que você... não magoei você... não me importo com o que você sente.
— Peço desculpas mas farei isso de novo.
— Peço desculpas mas não mudarei o comportamento.
— Não chore... cresça... os garotos não choram... seus sentimentos me constrangem.

Os abusadores emocionais aparecem em todos os comentários anteriores.

Eu acredito que, se você lidar intimamente no Segundo Círculo com o parceiro, os amigos, os filhos e os colegas, não dirá nenhuma dessas coisas, porque terá consciência aguda e exata do sofrimento emocional deles e de se este é real ou não.

A maioria desses comentários só são feitos quando aquele que fala está bloqueando os sentimentos no Terceiro, ou nem mesmo se dando o trabalho de lidar com estes, em um casual e descuidado Primeiro Círculo. Quando lhe forem feitos no Terceiro ou Primeiro Círculo, atraia a pessoa para o Segundo com você e pergunte se realmente pretende magoá-lo e se está preparada para repeti-los no Segundo Círculo. Em caso positivo, constituirão abuso. Dizendo isso de maneira simples, você provou que a pessoa deseja magoá-lo.

A falta de cuidado se encaixa no abuso emocional, e reconhecê-la pode assinalar o fim de um relacionamento doentio.

Ameaças espirituais

Nem todas as ameaças são físicas ou mesmo emocionais. Elas podem assumir a forma de um ataque aos sistemas de crença e às experiências pessoais do divino ou sobrenatural.

Alguns anos atrás vivi em uma casa mal-assombrada. O fantasma morava no andar de cima e eu o encontrava na escada e no quarto. Amigos que dormiram lá em cima acordaram com ele os sacudindo. Cheguei a conhecer um médico que vivera na casa anos antes e também encontrara esse fantasma.

Um dia um amigo trouxe um colega para tomar chá. O tema do fantasma surgiu. Esse homem, que eu nunca havia visto, sorriu e suspirou desdenhosamente no Primeiro Círculo e depois no Terceiro.

— Eu não acredito em fantasmas — ele deu um sorriso largo e forçado. — Nunca veria esse fantasma.

— Talvez não, mas está insinuando que eu não o vi? — respondi.

Pausa.

— Sim — o peito dele subiu e foi ainda mais para dentro do Terceiro Círculo.

— Então está dizendo que a experiência que tive nesta casa não foi real porque você não a teria?

— Sim.

— Deixe-me ver se entendi. Você está certo e eu estou errada. Sua experiência de vida é mais válida do que a minha.

Pausa. Ele mudou de assunto.

O fato é que é tirania espiritual dizer a outra pessoa no que ela deve ou não acreditar. A fé e conexão com o divino através do amor incondicional se combinam para criar uma experiência pessoal e liberdade que ninguém tem o direito de contestar. Ninguém merece matar ou ser morto pela própria fé.

21
Testemunhando o dano

Todos nós queremos ser conhecidos. Dizendo isso de modo simples, desejamos ser testemunhados na vida. Ninguém quer deixá-la sem ter sido notado, e testemunhar e ser notado são atividades do Segundo Círculo.

Um personagem da peça *The Government Inspector*, de Gogol, explora com simplicidade esse desejo humano profundo. Bobchinsky espera pacientemente horas para encontrar um inspetor do governo de St. Petersburg — acreditando-o amigo íntimo do czar da Rússia — para que possa lhe pedir que diga ao czar que em tal e tal província do país vive um homem chamado Bobchinsky. Deseja simplesmente ser testemunhado por seu governante.

Esse reconhecimento do Segundo Círculo por parte de um líder é o motivo pelo qual as grandes organizações funcionam melhor quando o CEO conhece e fala com o resttante da equipe. Um reconhecimento do Segundo Círculo do segurança ou faxineiro contribui para um ambiente de trabalho mais produtivo.

Contudo, é igualmente importante para todos que qualquer abuso seja testemunhado pelos outros. Precisamos que o dano e o sofrimento que experimentamos seja relatado por nós mesmos ou por outras pessoas no Segundo Círculo. É por isso que os erros judiciais são tão dolorosos para as vítimas. Na sala de audiência, a vítima espera que o criminoso se desculpe. Quando a lei os abandona, o sofrimento é ainda pior.

É muito importante que você expresse o dano no Segundo Círculo para que seja ouvido nesse estado. Essa troca pode curar. Frequentemente temos de fazê-la com um terapeuta ou mesmo um sacerdote, mas esse testemunho só pode satisfazer se pronunciado no Segundo Círculo e ouvido na mesma energia. Também é essencial que outras pessoas testemunhem os erros cometidos contra você. Que alívio é ouvir alguém defendê-lo e reconhecer a injustiça que lhe foi feita. Na África do Sul, quando o apartheid foi finalmente abolido, essa necessidade foi formalizada por sessões organizadas de reconciliação entre vítimas e pessoas que haviam cometido crimes contra elas.

É crucial que se lembre de que, mesmo se não conseguir defender quem estiver sendo atacado, pelo menos deve testemunhá-lo mais tarde para a vítima no Segundo Círculo.

> Certa vez testemunhei o mais selvagem ataque verbal de um teatrólogo famoso contra um membro do staff da recepção de um teatro. Não fui a única — o diretor da peça e o diretor artístico do teatro também estavam presentes, e nenhum de nós interveio para defender a pobre garota. Fiquei tão envergonhada que a encontrei no dia seguinte e conversamos. Quando senti que ela estava totalmente presente para mim, desculpei-me por não tê-la ajudado e disse claramente que o teatrólogo fora injusto. Ela ficou imensamente aliviada, porque a eloquência do ataque a levara a acreditar que fizera algo errado.

Eis algumas histórias que me confirmam a opinião de que nossa dor e humilhação precisam ser testemunhadas.

Uma atriz brilhante me contou que o tio a estuprara sistematicamente quando tinha entre cinco e 11 anos. Era um general do Exército, e a família dela morou com ele e a respectiva mulher depois da morte do seu pai. A atriz, é claro, tinha a responsabilidade adicional de a família contar com a hospitalidade do tio. Quando cresceu, a necessidade de dizer algo e testemunhar o malfeito aumentou. Finalmente, no final da casa dos trinta, viu-se na sala de estar do tio com a família, bebendo xerez seco. Era uma linda tarde de verão na Inglaterra e as portas do jardim estavam abertas. Subitamente, ela teve uma rara oportunidade de ficar a sós com o tio. Ele foi para o jardim e ela o seguiu. A atriz descreveu aquele momento como um em que se sentiu totalmente conectada com ele. O tio se virou e a olhou, e eles fizeram um contato visual profundo.

Calmamente e sem raiva, ela disse: "Eu me lembro do que você fez comigo."

Estava totalmente no Segundo Círculo.

O tio quase perdeu o fôlego e ficou pálido de medo enquanto ela apenas se virava e o deixava com o testemunho das ações. Ela disse que naquele momento se sentiu muito aliviada e que o abuso dele parou de destruí-la. Finalmente o havia testemunhado. Agora, totalmente focada, era capaz de seguir em frente.

Eu ouvi uma história parecida de um ator negro sul-africano. Ele fora torturado durante todo o apartheid, e depois da queda do governo às vezes encontrava o torturador na rua. Claro, era sempre um encontro difícil. O torturador parecia culpado e ninguém conhecia o protocolo. Como ir ao encontro do próprio abusador?

Então, um dia, quando o ator sentiu que era realmente o momento certo, avistou-o e o fez parar. Ele viu medo nos olhos do homem, mas também soube que o torturador estava presente, então tomou fôlego e lhe disse diretamente: "Eu estava certo e você estava errado."

Dito isso, seguiu em frente, deixando para trás o aturdido homem e um pouco da dor do abuso.

Aposto que teria sido mais fácil para o torturador ser verbal ou fisicamente abusado no Terceiro Círculo do que ouvir essa verdade no Segundo.

Há muitos anos, trabalhei com um ator famoso em um espetáculo. O diretor era conhecido como uma pessoa vil e abusiva, particularmente com o sexo feminino. Nos primeiros ensaios encontrou uma mulher fraca e começou a intimidá-la. A princípio foi um comentário ocasional, mas depois começou a se tornar um assassinato em larga escala da personalidade.

Embora o restante da companhia se sentisse desconfortável, como ele era muito influente ninguém queria arriscar a própria carreira defendendo a pobre atriz. Todos nos sentíamos envergonhados, mas também aliviados pelo fato de "ela estar passando por aquilo, não eu". Essa é uma síndrome e energia ligada a muitos cenários em que um grupo testemunha uma forte intimidação.

Então aconteceu um milagre. Um ator se levantou e, em um claro Segundo Círculo e sem erguer a voz, disse para o diretor: "Não vou tolerar que você fale com esta atriz desse jeito."

Silêncio. O diretor ouviu a contestação e olhou para ele. Virou-se e deixou o ensaio para nunca mais voltar. Uma alegria dominou o elenco. Aquela atitude é um dos motivos pelos quais sempre adorarei esse ator.

Algumas pessoas sempre tentam extrair-lhe a energia do Segundo Círculo, mas você se cura mais facilmente se essa destruição é enfrentada e expressa no Segundo.

22
Tecnologia

Estou entrando no que talvez parecesse uma parte estranha aqui. A tecnologia não o pretende, mas pode prejudicar-nos a presença no Segundo Círculo se não a utilizamos cuidadosamente. Acreditamos que ela existe para nos facilitar a vida, mas, se não tivermos cautela, é capaz de nos privar da força vital.

A tecnologia pode ser — e frequentemente é — a mais sólida barreira entre você e os outros. Tem uma função importante, mas também consegue afastá-lo das pessoas. Eis um exemplo de barreira tecnológica que a maioria de nós já experimentou. Você vai a um restaurante com uma pessoa com quem realmente quer conversar e ela passa a maior parte do tempo falando ao celular e recebendo ou enviando textos em um BlackBerry. O resultado é a sensação de que um instrumento criado para melhorar a comunicação na verdade está destruindo as conexões entre as pessoas. Um telefone se tornou mais importante do que você. Se questionado, o ofensor constantemente parece surpreso, porque só estava "mantendo contato".

Computadores

Os e-mails podem parecer involuntariamente rudes ou rígidos para o recebedor. A pessoa que os escreve não está consciente de você, mas "mantendo contato", sem reconhecer ninguém na outra ponta. Quando escrevê-los, tente usá-los no Segundo Círculo, mentalizando o recebedor. O problema ocorre quando se escreve às pressas no Terceiro Círculo ou em uma comunicação egocêntrica no Primeiro. Se for uma mensagem importante ou delicada, leia-a em voz alta no Segundo Círculo antes de enviá-la. Assim, saberá se está muito rígida. As pessoas que passam horas no computador podem desenvolver uma conexão do Segundo Círculo com ele e não se engajar totalmente no mundo. Mesmo se você está fazendo um trabalho ótimo e criativo do Segundo na máquina, é fácil entrar no torpor do Primeiro depois de deixar a tecnologia para trás.

Quando terminar de usar o computador, volte para o corpo do Segundo Círculo e respire. Pode caminhar com energia ou andar pelo aposento antes de voltar ao mundo. Olhe ao redor e dirija o foco aos objetos no espaço. Tente ter uma conversa nesse estado com alguém, mesmo se apenas um bate-papo com o vendedor de café.

Tudo isso também se aplica às horas vendo TV ou ouvindo música com fones de ouvido. Embora você provavelmente esteja bem conectado com ambas as atividades, tem de voltar conscientemente ao mundo para manter a energia desse Círculo.

Telefones

É fácil não estar no Segundo Círculo ao telefone, mas você e os outros sabem quando isso está acontecendo. Todos já falamos pelo aparelho com uma pessoa e percebemos quando ela deixou de prestar atenção. Talvez transferira a energia do Segundo Círculo a uma tela de computador ou à leitura de um jornal, mas definitivamente não a manteve atenta a nós.

Todo bom operador de televendas sabe disso e vende no Segundo Círculo. Na verdade, se você quiser dispensá-lo educadamente, espere até que ele perca o foco e então encerre a chamada. Os maus operadores de televendas trabalham em um frenético Terceiro Círculo. Se conseguem realizar uma venda é porque o venceram pelo cansaço e você entregou os pontos. Vendas são feitas no Segundo Círculo assim como jogos de computador são vencidos com essa energia.

Lembre-se de, se tiver um telefonema importante a dar, sempre fazê-lo no Segundo Círculo. Respire para o recebedor e visualize aquele com quem está falando. Se não o conhecer, dê-lhe alguma forma em sua mente — saber-lhe o nome já ajuda. Sente-se ereto ou fique em pé. Também é uma boa ideia se posicionar no Segundo Círculo antes da ligação.

Provavelmente notará quando você entrar no Terceiro ao telefone — aquele momento em que o ouvinte afasta o gancho do ouvido. No Primeiro você o desengaja totalmente e ele diverge, olha para fora da janela ou arruma a escrivaninha. Você não pode vê-lo, por isso ele está livre para abandoná-lo do modo que preferir.

Microfones

O maior erro que você pode cometer em qualquer apresentação envolvendo um microfone é achar que este fará o trabalho energético por você. Tudo o que ele faz é amplificar a energia que você oferece.

Se estiver no Primeiro Círculo, o microfone intensificará essa falta de brilho, comunicando-a de modo ainda mais alarmante. Se no Terceiro, se tornará mais invulnerável e enérgico.

Assim poderá parecer incontestável, mas não será ouvido ou realmente entendido. Por isso, tenha em mente as técnicas a seguir ao usar um microfone.

Há muitos tipos dele, cada qual precisando de um método diferente do Segundo Círculo. O microfone de rádio é ligado a você, que carrega um pacote. Saiba que isso pode empurrá-lo para o Primeiro Círculo. A conexão do microfone e a presença do pacote inibem-lhe a posição, fazendo o corpo e a respiração se retraírem. Você deve permanecer no Segundo Círculo em todo o corpo, voz e respiração, e estará conectado com o público. Então o microfone lhe aumentará a energia do Segundo Círculo em vez de puxá-lo para o Primeiro. Os impedimentos físicos causados pelo aparelho também podem empurrá-lo para o Terceiro e, como a esta altura você já sabe, isso é perturbador.

Um microfone de mão ou com suporte pode ser mais complexo. Você deve manter um contato do Segundo Círculo com o público, mas respirar somente para o aparelho. Se o fizer para além, terá muita energia e soará como se estivesse no Terceiro. Se apenas a meio caminho, soará como se estivesse no Primeiro.

No rádio, conecte-se com o microfone no corpo, na respiração e na voz do Segundo Círculo e depois imagine que está se dirigindo a um indivíduo através do microfone.

O mesmo se aplica a câmeras. Respire, fale para e humanize as lentes. Você terá de dividir o Segundo Círculo se estiver direcionado a alguém na câmera; isto é, Segundo Círculo à pessoa com quem está falando e também com o aparelho.

Iluminação de palco

A iluminação ajuda o público a vê-lo no palco e lhe dá enorme importância. Mas o problema com a luz avançada é que pode impedi-lo de ver o público — isso não é conducente à conexão do Segundo Círculo, porque você fica estranhamente andando no escuro, apesar das luzes. Se souber que será iluminado, entre no espaço sem a luz e sinta a respiração de que precisa para preenchê-lo. Verifique onde a linha dos olhos deve estar para que, quando iluminado, possa respirar e olhar além das luzes para o perímetro da sala ou do auditório. Assim a luz o iluminará, mas não o restringirá.

Viagens

Ponho as viagens neste capítulo porque a maioria delas é movida pela tecnologia. Até algumas décadas atrás, viajar o empurrava para o Segundo Círculo. Era uma aventura e, com frequência, perigoso. Naturalmente, as aventuras e os perigos exigem-nos a presença para a sobrevivência.

O risco é pressuposto em *Contos de Cantuária*. Os peregrinos iam juntos porque os caminhos eram perigosos. Na companhia de estranhos, contavam as próprias histórias.

Mais perto de nosso tempo e na memória viva estão jornadas a pé em terreno acidentado que colocariam qualquer um nesse estado. Se você tivesse a sorte de possuir um cavalo e uma carroça, precisaria estar nesse estado para cavalgar ou conduzi-la. Sei que há histórias de cavalos que sabiam voltar para casa quando o dono estava bêbado, mas em geral é preciso presença para estar com esse animal. Conduzir carroças ou diligências era andar aos solavancos, porque elas tinham pouca ou nenhuma suspensão. Se nada mais o mantivesse no Segundo Círculo, as irregularidades do terreno o fariam. Os mares atiravam os viajantes para fora das embarcações e os mantinham alerta, porque os naufrágios aconteciam com bastante regularidade. O mesmo vale para os antigos trens e aviões. O barulho persistente do trem a vapor podia acalmá-lo por alguns momentos, mas o balanço e o apito o deixavam alerta.

Viajar era uma aventura — as pessoas se conhecendo no caminho, a possibilidade de trocas entusiasmadas e a curiosidade alimentada por lugares novos serviam para manter o viajante no Segundo Círculo.

Como hoje é diferente! A ideia de um avião ou trem produz um bocejo do Primeiro Círculo. Os navios são construídos para que os passageiros se sintam como em terra firme. Apenas os mares mais ferozes os fazem balançar. Sabemos aonde vamos; há tantas pessoas nas viagens que não queremos realmente ter de lhes falar e só fazemos contato com elas se algo muito incomum acontece. Nos aviões ou trens, muitos de nós desejam se retirar para o Primeiro Círculo e não ter de conversar com os outros passageiros; mas você obterá um serviço melhor dos comissários de bordo e dos inspetores de trem se falar com eles no Segundo Círculo.

A maioria dos aeroportos e das estações de trem é semelhante em todo o mundo e os únicos pontos de interesse são as lojas e os restaurantes. Geralmente não caminhamos para viajar, apenas para recreação, de modo que não há urgência na caminhada.

Direção de veículos

Os carros matam muita gente porque os motoristas não estão no Segundo Círculo. É claro que há mortes quando pedestres ou ciclistas perdem a energia de sobrevivência, mas na maioria das vezes os motoristas se sentem muito seguros e isolados nas caixas de metal e não prestam total atenção à estrada. É possível você se sentir sozinho, protegido e inconsciente da própria força em um carro.

Os motoristas agressivos e perigosos estão no Terceiro Círculo; os hesitantes, assustados e atrapalhados no Primeiro. Se você for passageiro de um deles, tem todo o direito de lhe pedir para parar e sair do carro.

A boa direção só é possível no Segundo Círculo, motivo pelo qual tudo o que tira a atenção da estrada é perigoso; seja beber, falar ao telefone ou ter uma conversa animada com um passageiro. Até comer ou ouvir muito atentamente rádio pode afastar-lhe a energia presente da direção. A violência no trânsito começa com agressões do Terceiro sem o reconhecimento da humanidade do outro motorista. O calor da discussão pode chegar a ponto de se transformar em um feroz ataque.

Para incentivar a boa direção e segurança no trânsito, dirija no Segundo Círculo. Se cometer um erro, reconheça-o e se desculpe. Um aceno de mão será suficiente. Ceda. Quando possível, dê passagem a outros carros, bicicletas e pedestres. Faça um contato com o motorista, ciclista ou pedestre. E, quando nessa posição, for ajudado, agradeça. Ao entrar em táxis, o motorista dirigirá melhor se cumprimentado neste círculo. Da mesma forma, os motoristas de ônibus — que têm um trabalho muito solitário e com frequência difícil, particularmente nos centros urbanos — terão a vida melhor após um agradável reconhecimento no Segundo Círculo.

As bicicletas e motos devem ser bem e seguramente dirigidas na energia do Segundo Círculo para evitar os motoristas no Primeiro e Terceiro. Do contrário, os ciclistas machucarão pedestres e se machucarão ou matarão no trânsito. É ridículo ver ciclistas ouvindo música em iPods nos cruzamentos de Londres, Nova York ou Los Angeles.

Se você estiver viajando confuso e incapaz de pensar com clareza, reconecte-se quando chegar ao seu destino. Não deixe a viagem esgotar-lhe totalmente a energia.

23
Eventos que sabotam

Além de pessoas que nos estragam a vida, há eventos que nos fazem perder a presença.

Pânico, estresse e trauma

Um dia meu alegre filho Michael voltou do jardim de infância inconsolável. Levara o brinquedo favorito para a escola e o perdera. Nessa perda de um brinquedo favorito estão todas as pistas para a dor que cria estresse, pânico e trauma.

Onde estava o brinquedo? O brinquedo sentia falta dele? Tinha sido destruído ou, pior ainda, roubado por outra criança? Essa criança estava agora brincando com ele?

Nenhuma dessas perguntas podia ser respondida, mas a falta de respostas só lhe aumentava a aflição. Eu me lembrei de uma bola cor-de-rosa que havia perdido com a idade dele — três anos e meio — e senti de novo toda aquela aflição.

Michael ainda não se deparara com outros eventos que o fariam chorar, mas todos eles produzem reações parecidas com a do brinquedo: a perda de intimidade com um amante; a morte de um ente querido; o desaparecimento não explicado de um amigo ou parente próximo; outra pessoa brincando com um ex.

A perda do brinquedo de Michael foi uma típica perda da inocência, que frequentemente resulta na da presença do Segundo Círculo. Precisamos nos recuperar do trauma da perda se não quisermos ficar sem a poderosa força vital. Após qualquer sofrimento, temos de reacender a chama da energia.

Em um nível prático, você deve aprender a identificar os efeitos físicos dessas emoções e procurar ajuda para fazer reajustes básicos.

Os primeiros sinais físicos de estresse e pânico ocorrem no corpo e na respiração. Independente do que o estiver atirando nesse redemoinho, através da mente e do coração, você se manifestará diretamente em indícios que podem ser vistos nos outros e sentidos em si mesmo. O pânico puxa a respiração para cima do corpo, provavelmente em uma tentativa de se proteger do mundo. Essa é uma manifestação clássica do Terceiro Círculo. Em exemplos extremos, o corpo fica tão rígido que a respiração é bloqueada na parte superior do peito. Você não consegue respirar e, na verdade, enfrenta a morte! No pânico, os efeitos são claros e inevitáveis e, portanto, você sabe que tem um problema.

O estresse tem efeitos físicos parecidos, mas é mais difícil de monitorar e pode demorar anos para aumentar no corpo e na respiração. De fato, assim que você adota uma posição do Terceiro Círculo, aproxima-se mais do pânico, do estresse e da perda do eu autêntico.

Se você não voltar para o Segundo Círculo depois desses períodos de estresse, um dia explodirá ou implodirá. Implodir significa se separar da fonte de pânico ou estresse e entrar no Primeiro Círculo. Assim, você na verdade desiste, cansado demais de manter uma fachada e negar a dor. Você se rende.

A chegada do trauma na vida, no corpo e na respiração pode ser tão dolorosa e severa que o único modo de conseguir sobreviver é no Primeiro Círculo. Você se retira do mundo para lamber e curar as feridas. Essa retirada é compreensível, se não for permanente; mas se você nunca reemergir depois de examinar a dor no Primeiro Círculo, pouco a pouco murchará.

Essa energia aprisionada (Primeiro Círculo) ou explodindo (Terceiro) pode explicar por que, quando você está estressado, em pânico ou muito surpreso, a energia dos outros afeta a sua. Nesses estados você esbarra em pessoas na rua, fica desajeitado com elas e, em casos extremos, atrai a atenção de assaltantes ou estranhos abusados. Os fracos percebem-lhe a fraqueza e desconexão.

Eis uma lista de sinais de pânico e estresse do Terceiro Círculo:

- Elevação dos ombros.
- Aperto dos maxilares.
- Elevação e retesamento da parte superior do peito.
- Enrijecimento do estômago.
- Punhos cerrados.
- Respiração rasa e bloqueada na parte superior do peito.
- Esforço para respirar.
- Tomar muito ar e expirar uma quantidade insuficiente.
- Uma troca rápida de ar que resulta em oxigênio insuficiente, que por sua vez aumenta o pânico porque você está sufocando em dióxido de carbono.
- Olhos se movendo rapidamente.
- Voz tensa, forçada e aguda.

O desligamento do Primeiro Círculo inclui:

- Arredondamento dos ombros.
- Cabeça abaixada.
- Olhar para baixo.

- Espinha dorsal caída.
- Estômago excessivamente relaxado.
- Respiração ofegante que pode parar por longos períodos quando você se recusa a respirar e a obter a força vital do oxigênio. Quando respira, é muito levemente, com pouco movimento do corpo.
- Olhos mortiços.
- Voz lenta, monótona e sumindo.

Voltando ao Segundo Círculo

Depois de qualquer trauma, você deve retornar à presença do Segundo Círculo. Os terapeutas podem guiá-lo com sucesso de modos diferentes, mas no trabalho do Círculo há dois modos de sair desses estados.

Todo mundo, em algum ponto da vida, experimentará pânico, estresse ou trauma. Esses sentimentos não são vergonhosos nem significam fraqueza. A etapa inicial importante é honrá-los sem a humilhação que frequentemente acompanha o sofrimento.

Negá-los o aprisionará neles e enfraquecerá o restante da vida. Uma luz se apagará e você se sentirá impotente e pessimista. Perderá a alegria. Qualquer concentração no mundo exterior ajuda a aliviar esse sofrimento. Toda a energia do Segundo Círculo é para ser concentrada fora de você — isso pode ajudar a aliviar o seu desespero interior.

Discipline-se para olhar e ouvir o mundo nesse Círculo:

Quando olhar e ouvir, respire para o som e ponto de foco visual.
Ouça ativamente música calma.
Visite a natureza e olhe e ouça as paisagens e os sons ao redor.
Olhe e respire para as estrelas e a lua.
Olhe e respire sobre o mar ou um lago, montanhas e colinas.

Ouça e respire para o canto de um pássaro, uma onda do mar, a chuva caindo, o vento.

Tire um dia de folga — isso não só o ajudará a repousar como o engajará em um novo ambiente para olhar e ouvir no Segundo Círculo.

Se não puder tirá-lo, visite um parque, um zoológico ou um aquário.

Visite galerias de arte; vá a um concerto de música clássica ou ao teatro; e olhe, ouça e respire.

Eis alguns exercícios no Segundo Círculo que oferecem soluções físicas:

- Fique em pé centralizado, soltando os ombros, o joelho, o estômago e os maxilares. Mantenha a espinha dorsal ereta mas não rígida e o peito aberto, não erguido ou abaixado. Respire baixo, calma e silenciosamente. Mantenha a voz aberta. Verbalize as preocupações. Fale com um objeto ou animal de estimação sobre o pânico, estresse ou trauma.
- Caminhe se possível em terreno acidentado.
- Exercite-se.
- Tome um banho de chuveiro e respire.
- Prepare uma refeição e coma.
- Encontre amigos e converse com eles.

Tédio

Surpreendentemente, o tédio pode matar com tanta facilidade quanto a ansiedade urbana e o estresse.

Quando você está entediado, cai no Primeiro Círculo e se torna cada vez mais obcecado consigo mesmo. Tende ao distanciamento e é atraído por atividades que parecem fazê-lo se sentir vivo de novo — talvez o paliativo da bebida, sexo casual, carros velozes e até violência. A maioria delas provavelmente é do Terceiro Círculo e, portanto, não o faz recuperar realmente a presença.

A única coisa que o ajudará é transferir-se para o Segundo. As pessoas entediadas parecem esperar no Primeiro que as outras a ajudem a sair do marasmo. Somente você pode se ajudar, e se não estiver no Segundo Círculo não perceberá quando os outros tentarem ajudá-lo.

Lembre-se de que este é um lugar de dar e receber. Se você estiver recebendo sem dar no Primeiro Círculo, ficará entediado e a vida parecerá sem sentido.

Há muitos anos, lecionei para um grupo de mulheres jovens bastante privilegiadas. Foi um dos trabalhos mais deprimentes que já tive — bem mais difícil do que ensinar em uma prisão. Elas tinham tudo e, ainda assim, não ofereciam nada para o mundo. Sentavam-se e esperavam ser entretidas, bocejando abertamente para mim e as colegas.

Tentei tudo para engajá-las. O estabelecimento era uma "escola de aperfeiçoamento" londrina e elas deviam aprender a falar "agradavelmente" — para um dia apoiar os super-ricos maridos.

Em desespero, eu as desafiei. Disse que passaria cinco minutos falando sobre como as achei como classe e depois elas poderiam responder e me dizer o que acharam de mim como professora. Admito que essa foi uma tática desesperada e perigosa.

O que eu lhes disse foi algo assim: "Espero que vocês obtenham tudo que querem na vida. Marido, filhos bonitos, casa no campo, mansão na cidade, viagens de compras a Paris, Nova York e Londres. Viagens para todos os lugares e permanência em resorts glamorosos no planeta... Mas, depois disso, acho que ainda ficarão entediadas, porque para se sentir vivas têm de dar, e nunca vi nenhuma de vocês dando nada a ninguém na minha presença."

Quando terminei, houve um silêncio constrangedor. A mulher Alfa então falou: "Você não nos entedia."

— Então por que vocês não acreditam que devem demonstrar algo, dar, oferecer? Realmente acham que podem passar pela vida sem isso? — respondi.

Outro silêncio.

Ninguém jamais as desafiara, e seus privilégios nunca as forçaram a ir além delas mesmas e oferecer no Segundo Círculo. Pareciam destinadas a uma vida de tédio.

Ocorre-me que essa maldição do privilégio é bem explorada por Shakespeare. Aqueles que aparentemente têm tudo precisam perder bens, poder e amor para sentir a própria humanidade. Todos esses personagens privilegiados passam por testes que os ajudam a aprender a dar e reagir à vida no Segundo Círculo. Testes que garantem que finalmente aprenderão a enfrentar a vida com presença e gravidade. Essa não é uma posição de ruína, mas que tem um contraponto de alegria. É a busca interminável pelas trivialidades que arruína você e a própria presença.

24

Maior liberação emocional

Há outro modo seguro de se reconectar após os efeitos embotadores da forte dor emocional. É comumente chamado de "liberação".

Esta é inquestionavelmente boa. Uma gargalhada faz bem a você, assim como um bom choro ou um gemido de tristeza. Um grito é a resposta apropriada ao medo. Todas essas liberações usam quantidades maciças de respiração e energia, e o princípio do som saindo livremente de você é simples: o oxigênio e os sons o purgam. A energia da emoção é projetada para fora e você se sente melhor. O movimento e a energia são as emoções sendo tiradas do corpo.

O ato de respirar e liberar o som com os sentimentos desafia e frequentemente supera os bloqueios e controles habituais do Primeiro ou Terceiro Círculo, e essa liberação recoloca você no Segundo. A força do extravasamento o faz voltar à presença natural desse círculo.

A liberação tem o poder de levar uma pessoa do Primeiro para fora dela mesma e retirar a máscara de uma pessoa do Terceiro — purificar você da dor e trazê-lo de volta à vida.

Talvez tenha notado que se os enlutados se permitem chorar ou gemer de pesar, os rostos deles se desanuviam. Os enlutados do Segundo Círculo são os que liberam abertamente o sofrimento. Vivenciam ativamente o pesar.

Compare essa clareza com aqueles do Primeiro Círculo que se afastam e se voltam para dentro devido ao pesar. Não há liberação, apenas uma terrível prisão emocional. Os do Terceiro estão à beira da histeria ou realmente histéricos. A liberação não é específica e é feita caoticamente.

Enlutado no Segundo Círculo, você subitamente vê o mundo claramente, e isso oferece conforto. Também lhe permite enxergar o pesar de outras pessoas e saber que o caminho que está percorrendo é ocupado por outros indivíduos. Muitos de nós foram ensinados a racionalizar e tolher as emoções, e firmemente encorajados a não demonstrar sentimentos, mas controlá-los. É claro que o controle é necessário, mas também o é sentir a liberdade do alívio quando justificado. Liberar é saudável e desoprime.

Quando você se permite chorar, gritar ou praguejar, isso pode ser uma liberação eficaz da raiva no Segundo Círculo. Um choro no Primeiro o sufoca e implode a dor dentro de você. Um choro no Terceiro pode liberar alguma dor, mas o fará se esforçar, de modo que não parecerá natural. Um grito no Segundo pode espantar um assaltante. Um no Primeiro tira a energia de você e o enfraquece, e um no Terceiro é um notável blefe.

Liberação no Segundo Círculo

Para chorar nesse Círculo, dirija o som para um ponto específico fora de você (Uive para a lua!) e reconheça a fonte específica da dor. É física, emocional ou espiritual? Um choro apaixonado para um deus ou uma deusa é uma ótima liberação. Quando

Maior liberação emocional 225

quiser extravasar um sentimento, tente se lembrar destes princípios básicos:

- Centre-se e respire o mais baixo que puder.
- Sinta a prontidão da respiração.
- Empurrar uma parede o ajudará, como a caminhada energizada, desde que você mantenha a respiração baixa.
- Mantenha a garganta aberta imaginando um bocejo e depois emita algum som.
- Não force ou engula o som.
- Um *ah* é um som que permite liberar emoções.

É possível extravasar deitado de barriga para cima, mas tenha cuidado para a gravidade não deixar o som voltar para você.

Uma liberação no Segundo Círculo lhe diz claramente quando a dor, o medo e a raiva são excessivos — algo que não pode experimentar no Primeiro ou Terceiro. No Primeiro, não podem ser excessivos porque estão presos em você; no Terceiro, são tão expandidos e generalizados que você não pode avaliar quando está esgotado e liberado. A dor vai além da vida natural e o oprime além do poder real de oprimir.

Experimente isto: da próxima vez em que quiser praguejar, faça-o no Segundo Círculo. Depois de algumas imprecações, você se sentirá melhor e não precisará prosseguir. A raiva e a frustração se dispersaram e foram postas para fora. Uma praga rogada no Segundo funciona melhor porque é dirigida a uma pessoa em particular e, portanto, pode ser realmente perigosa. Pragueje no Primeiro e irritará a *si mesmo* com o som, não ao objeto do sofrimento. Uma imprecação no Terceiro Círculo é geral e nunca atinge o verdadeiro alvo, de modo que você tem de continuar a praguejar!

Agora pense no riso. Em muitas sociedades, rir é a única expressão de sentimentos socialmente aceitável. Portanto, nem sempre é uma expressão de alegria. Preenche e libera outras emoções. Pode zombar e ridicularizar — expressar medo, embaraço, humilhação, desprezo e até aflição.

O verdadeiro riso

Todos nós sabemos exatamente a que visa um determinado tipo de riso — seja seu ou dirigido a você. Quando os risos escondem ou deturpam o verdadeiro sentimento por trás deles, raramente estão no Segundo Círculo, mas tendem a se ocultar no Primeiro ou a ser produzidos no Terceiro. Consequentemente, esses risos e seus significados ocultos são difíceis de contestar porque não são dirigidos a você. Cuidado se a malícia for expressa em uma risada totalmente no Segundo Círculo, porque você estará realmente lidando com um sádico.

O verdadeiro riso é um derramamento de alegria que engaja todo o corpo, a respiração, a voz e o rosto — o que é lindamente expresso nas imagens do Buda sorridente —, atravessando culturas, viajando pelo tempo e unindo a humanidade. É quase impossível odiar e ainda mais magoar uma pessoa com quem você ri, pois, ao fazê-lo, se iguala e une-se a ela. Um sorriso no Segundo Círculo une; congrega espíritos e transcende raça, idade, religião e classe social.

O riso alegre pode começar no Primeiro ou Terceiro Círculo, mas se crescer em você o levará para o Segundo e será a voz de seu próprio anjo, o som do ser pleno, descoberto, despretensioso e amoroso. Quando uma pessoa ri alegremente, você vê a presença dela. Depois do próprio riso, você é visto e vê o mundo no Segundo Círculo.

Uma boa risada forma relacionamentos: se você para de rir em uma relação que antes era cheia de risos de alegria sabe que ela está enfrentando problemas. Ria com os filhos e eles sempre voltarão para você. Ria com os funcionários, não deles, e trabalharão duro e lealmente para você. Ria da tragédia e ela não o derrotará. Daí a frase "ver o lado engraçado da vida". Os sobreviventes riem.

Se você vive principalmente no Segundo Círculo, é capaz de rir alegremente consigo mesmo e com os outros. Mas quem vive no Primeiro ou Terceiro às vezes é privado dessa alegria natural.

Algumas pessoas realmente perderam a alegria e a capacidade de rir livremente no Segundo Círculo. Se você suspeitar que se encaixa nessa categoria, a alegria pode ser redescoberta, porque a incapacidade de rir plenamente está ligada ao controle e medo da plena presença.

É particularmente importante que faça os exercícios físicos e de respiração descritos nos capítulos anteriores. Fazendo-os e permanecendo no Segundo Círculo, poderá encontrar o riso. Quando isso ocorrer, tenderá a passar do riso às lágrimas de pesar e medo ao redescobrir todo o leque de emoções.

O riso alegre é mais fácil com os outros, por isso participe de atividades inocentes em que as crianças riem. Um espetáculo infantil com a garotada rindo pode fazer até o adulto mais cínico rir, particularmente se este permanecer no Segundo Círculo com a atividade, respirar no Segundo e não for julgador.

Exercício de grupo

Eis um exercício coletivo que pode produzir as mais maravilhosas risadas. Você precisará de cerca de sete pessoas — quanto mais melhor!

- Deite-se de barriga para cima em um círculo, pondo a cabeça no estômago da pessoa à direita.

- Vocês devem se posicionar de modo a que todos fiquem com a cabeça no estômago de alguém e a cabeça de alguém no próprio estômago.
- Respirem, relaxem os ombros e comecem suavemente a vocalizar um *há há há*. Continuem e pouco a pouco experimentarão uma grande risada que poderá durar minutos.

No final do exercício vocês se sentirão liberados, unidos, exaustos e presentes uns com os outros no Segundo Círculo.

Passei a maior parte deste livro explorando modos de fazer você entrar na energia do Segundo Círculo, assim como as muitas forças que o privam desse poder. Agora é hora de ver como mantém essa energia e continua vivendo nela.

A maioria de nós tem famílias e comunidades, precisa trabalhar e encontrar tempo para se divertir.

Em algumas profissões, o Segundo Círculo é essencial para o modo como as pessoas funcionam. Você não pode ser um artista ou atleta bem-sucedido sem presença. Se tiver ambição de ascender no mundo corporativo, não o fará sem ela. Se escolheu trabalhar na área legal, de medicina, educação, religião ou política, pode operar até certo ponto sem o Segundo Círculo, mas não deveria.

Se não trabalha em nenhuma das profissões anteriormente mencionadas, raramente pode passar pela vida sem encontrar policiais, advogados, médicos, professores, sacerdotes ou políticos. Em resumo, precisa saber como colocar essas pessoas nesse Círculo se elas ainda não estiverem lá. Essas profissões controlam a vida das pessoas, e se os profissionais não estiverem trabalhando com presença positiva podem ser destruídos pelas próprias carreiras.

Famílias, comunidades e relacionamentos são temas enormes, por isso só posso oferecer instantâneos que espero que o iluminem e o ajudem a explorar toda a vida.

É preciso ter fé.
— WILLIAM SHAKESPEARE, Conto de inverno

Parte dois

Viva com plena presença

25
Famílias

Mas a criança soluça maldições mais profundas no silêncio
Do que o homem forte em sua ira!
— Elizabeth Barrett Browning,
Cry of the Children

Um bebê chora. Está assustado, com fome, frio ou sujo. Quer conforto, um dos pais e um pouco de contato humano — a força, o poder e a proteção de um adulto. O chamado inicial é no Segundo Círculo, e espera e merece uma resposta neste. Se não a obtiver, o choro ficará mais agitado e desesperado, e entrará no Terceiro. Se ainda assim não houver resposta, ele se retirará para um desligado Primeiro.

Na sociedade ocidental agitada de hoje, muitos bebês dormem sozinhos sem serem atendidos. Há até manuais de educação que incentivam os pais a não lhe atenderem e deixá-lo chorar. Esta é uma sociedade estranha que ignora as crianças e, contudo, está sempre exigindo ser servida.

Um choro não atendido é inócuo se raro; mas se um do Segundo Círculo não for respondido vezes o suficiente, o bebê se sentirá desconectado do mundo e se desligará no Primeiro. Afinal, de que adianta chorar se ninguém vem? A outra reação é entrar em uma energia do Terceiro que exige atenção, mas se torna tão enraivecida que o bebê não sentirá a presença de ninguém.

Um grito humano de ajuda deve ser atendido; é do que todos nós precisamos, e o que desejamos. Mas isso tem de começar na família, nesses primeiros meses e anos. Um choro genuíno, natural para um bebê, deve obter uma resposta genuína. Isso é pedir demais? Um pai não se tornará escravo do bebê — que é o que teme. Na verdade, é o chamado não ouvido que finalmente voltará para assombrar os pais e a sociedade.

Se atendido, o bebê parará de chorar, sabendo que as necessidades lhe serão satisfeitas. Assim, desenvolverá a confiança e autoestima que permitirão a ele permanecer presente no mundo. A confiança é uma manifestação de direito, e este começa com o chamado atendido.

É o filho desligado ou excessivamente exigente que é um fardo para os pais. Algumas técnicas ocidentais de criação estão produzindo crianças e jovens desligados no Primeiro Círculo ou com tanta raiva de não serem atendidos e notados que têm o comportamento agressivo do Terceiro. É direito de todo bebê e criança sentir a plena atenção cheia de amor incondicional dos pais no Segundo.

> Contempla a Criança em seus novos enlevos,
> Um Querido de seis anos do tamanho de um pigmeu!
> Vê onde no meio de seu afã ele deita,
> Coberto pelos beijos da mãe,
> À luz do olhar do pai!
> — WILLIAM WORDSWORTH,
> *Ode on Intimations of Immortality*

Sei que isso parece muito simplista, mas realmente acredito que os filhos aceitarão limites e disciplina se forem estabelecidos na presença positiva do amor transmitida no Segundo Círculo. Essas crianças poderão sair de casa na idade adulta com o conforto e conhecimento de que foram amadas incondicionalmente. Elas desejarão voltar e visitar os pais após suas perambulações.

Uma criança não atendida no Segundo Círculo fará tudo para ser notada, mesmo se a atenção dos pais vier na forma de agressão em vez de amor. Para ela, a força da raiva parental pelo menos significa que surtiu efeito no adulto, embora essa reação seja presença negativa.

Na pressa constante da vida diária, note quão despropositadamente os pais lidam com os filhos no Terceiro Círculo; observe bebês sendo silenciados, ou pessoas cantando e lendo para eles; veja como são mandados para a escola, depois apanhados na porta e arrastados no supermercado no Terceiro. É claro que há momentos em que este é apropriado, porque uma criança nem sempre pode ser o centro das atenções; também é preciso que lhe permitam refletir no Primeiro.

Experimente diariamente, no Segundo Círculo, alguns dos exercícios a seguir com seus filhos, particularmente no início e fim do dia, e quando vocês se encontrarem e separarem. Comece a marcar a vida deles com presença, amor e atenção. No Segundo Círculo, faça o contato visual, respire para eles, use o máximo possível uma voz aberta, não grite — porque isso nunca funciona — e sempre toque neles.

A criança no Segundo Círculo

- Acalente e conforte um bebê. Espere até sentir-lhe a respiração sintonizada com a sua antes de colocá-lo de volta para dormir. Assim sentirá a conexão dele com você e saberá quando o medo desapareceu.
- Cante.

- Leia histórias para as crianças.
- Ouça, mesmo enquanto lava os pratos ou prepara uma refeição.
- Ao repreender uma criança, pare o que está fazendo, abaixe a música ou desligue a TV e faça contato visual e físico. Respire para ela e fale livre e claramente.
- Elogie a criança e diga que a ama.

Como vivemos em uma era em que ambos os pais geralmente trabalham, é essencial arranjarmos tempo todos os dias para conversas no Segundo Círculo sem distrações, TV ou ruído de fundo. Pode ser útil estabelecer um tempo de calma e silêncio antes que qualquer diálogo ocorra. Mantenha a respiração calma e baixa no corpo e fale com a voz aberta. Se você a forçar ou gritar constantemente, a criança o fará de volta.

O ritual de uma refeição em família e comunicação no Segundo Círculo pode ser muito agradável. Se tiver algo a dizer sobre aspectos negativos do dia ou o comportamento de uma criança, equilibre a negatividade com comentários positivos. Ouça no Segundo Círculo.

Um passeio de mãos dadas também é produtivo para a conversa do Segundo Circulo. Segure a mão da criança e permaneça, mesmo se ela tentar se soltar! Peça-lhe opiniões no Segundo e não as deprecie, mas discuta o que quer que ela diga. Evite falar sobre a criança como se ela não estivesse ali, o que é particularmente desagradável se os comentários são negativos. Dissuada outros adultos de fazerem isso. Se quiserem, por exemplo, saber qual é a idade e quais são os interesses de seu filho, faça-os perguntarem diretamente a este no Segundo Círculo.

Lembre-se de que com a entrada em cena de outro filho, a criança precisará da ajuda extra da atenção do Segundo Círculo, mesmo se for dos avós ou outros parentes e amigos. Nenhum de nós gosta de ser substituído e o único conforto é mais presença de um adulto. Dê bons exemplos permanecendo no Segundo com o parceiro e a família.

Há outros benefícios importantes na conversa diária no Segundo Círculo. Se contata seus filhos todos os dias, nota quando não são capazes de fazê-lo com você. Esse é um sinal de que algo está errado na vida deles. É claro que têm o direito de refletir no Primeiro Círculo, mas quando ficam fora do Segundo por longos períodos, deve descobrir o que está acontecendo. Alguma força ou um abuso os está desligando.

"Tempo de qualidade"

"Tempo de qualidade" é um clichê moderno, mas essencial. Contudo, o tempo só pode ser de qualidade se você e a família estiverem juntos no Segundo Círculo. Férias e passeios familiares podem ser pesadelos se não praticarem estar unidos no Segundo e reconhecerem o prazer que estão experimentando.

Quando voltar para casa depois de um dia frustrante no trabalho, volte para o Segundo Círculo antes de lidar com a família. Em qualquer viagem, fique em contato com o parceiro e os filhos. No carro, ajude-os a notar a paisagem lá fora, mas faça isso no Segundo Círculo. Converse sobre o trem, o ônibus, o avião e o ambiente. Em todas as viagens, mesmo na ida comum para a escola, sempre há algo novo para explorarem juntos no Segundo Círculo. Terminais de ônibus, aeroportos e estações de trem são lugares ricos em detalhes presentes que podem ser usados para educar os filhos no Segundo.

Trate todas as experiências novas para eles — como uma visita ao zoológico, onde novos animais serão vistos — com presença positiva. Castelos, máquinas a vapor e jogos de beisebol deveriam ficar guardados na mente da criança como momentos em que vocês estavam no Segundo Círculo.

Todas as crianças se afastarão dos pais em uma base regular; isso é parte do desenvolvimento. Mas esse afastamento só tem sentido para elas e para você se for notado! Isso só pode acontecer se não tentar controlá-las. No Segundo Círculo, note-as regularmente e as acolha com alegria quando voltarem a prestar atenção em você.

Na escola

Esteja presente ao se despedir dos filhos e ir buscá-los na escola. Quando trouxerem dever de casa, examine-o na frente deles no Segundo Círculo. Neste, comunique-se com os professores; aqueles cuja presença for por você mais notada, serão os mais presentes para seu filho.

Conheça-lhe os amigos no Segundo Círculo e não só perceberá mais rapidamente más influências como o tornará mais seguro nessas amizades. Se suspeitar de que uma criança está intimidando seu filho, converse com os interessados no Segundo Círculo. Não os intimide. Você se tornará real para o intimidador e os envolvidos e o tipo de poder certo nas mentes deles.

Apoie todos os esforços de seu filho no Segundo Círculo — trabalhos artísticos, jogos atléticos, concertos ou peças escolares — mesmo se isso o entediar ou se você basicamente desaprovar a atividade. Se estiver presente, uma real discussão poderá ocorrer. Como adulto, você deve estar presente com eles mesmo se estiverem gritando ou o insultando. Permaneça quando eles saírem bruscamente. Deixe mensagens em seus telefones e lhe escreva e-mails no Segundo Círculo. Tente não discutir a cultura deles — música, filmes ou moda — especialmente se você detestá-la e antes de tê-la experimentado no Segundo Círculo. Naturalmente desejarão algo diferente de você, mas não lhes deprecie as paixões sem conhecê-las.

> Não limite uma criança ao seu próprio aprendizado, porque ela nasceu em outro tempo.
> — Ensinamento rabínico

Permaneça-lhes presente quando fracassarem. Precisarão mais de você e amor nessas horas. Qualquer desaprovação fará com que se sintam mais abandonados e aprofundará a ferida.

A criança estragada

Esta é uma expressão fantástica, porque algumas crianças realmente foram estragadas pelos pais, e quando esse estrago fica fora de controle pode lhes destruir o restante da vida. Colocando toda a atenção em uma criança no Segundo Círculo, você não a está estragando. Está insistindo para que permaneça presente para você e para o mundo e, ao fazer isso, ela aprenderá a respeitar e honrar os outros.

Uma criança estragada acredita que é mais importante do que todas as outras pessoas. Recebeu amor e atenção sem quaisquer exigências e, por isso, não está presente para os direitos alheios. Recebeu sem ser ensinada a retribuir. A via é de mão única.

De certo modo, é fácil e até cômodo para um pai dar, dar e dar sem pedir atenção em troca. Isso pode se dever à culpa por não ter tido tempo no Segundo Círculo para a criança. Na maioria das vezes, o estrago se deve ao mimo generalizado do Terceiro Círculo. É dedicação material, não cuidado presente.

O pai é um guia, não um tirano. No Segundo Círculo o filho é igual, não inferior, e aprecia a atenção humana que você lhe oferece. Além disso, as crianças gostam de estrutura, não de liberdade abandonada. Essa atenção é mais importante do que presentes materiais ou quantidades excessivas de comida e diversão que poderiam ocupá-las, mas jamais satisfazê-las. Talvez não seja imediatamente possível ser amigo delas. Você é um guia amoroso. Se os limites forem claros, afetivos e estabelecidos no Segundo Círculo, as crianças os entenderão. Elas adoram ordem e racionalidade e reagem às coisas que se encaixam no lugar.

Se você pensar sobre isso, os brinquedos que lhes são apropriados são exemplos concretos de ordem e lugar, e apresentam um fascínio eterno para as pequenas. Tijolos de formas diferentes se encaixam nos buracos apropriados. Os padrões que surgem em um caleidoscópio satisfazem um senso de ordem. O mesmo ocorre com representações em miniatura da vida, sejam trens, casas de boneca ou de fazenda e aparelhos de chá devidamente ordenados. No final do dia, frequentemente as crianças dispõem os brinquedos em linhas retas prontos para as aventuras do dia seguinte. Tente contar-lhes uma história que conhecem bem na ordem errada. Não as agradará e deixarão o erro muito claro para você!

As crianças têm de quebrar limites, mas o farão intencionalmente e entenderão muito bem as consequências disso se forem explicadas no Segundo Círculo. Todos somos capazes de aceitar a justiça se conhecemos as regras, e estas forem justas.

Quando as estruturas são posicionadas, começa a surgir um padrão familiar. Então as crianças podem começar a aprender sobre responsabilidade com bases claras e amorosas. Esse é o começo de uma iniciação no comportamento responsável que beneficia a todos nós. É como uma criança amadurecer, o que não é possível se não estão presentes com adultos e idosos responsáveis e sabem que são reconhecidas e respeitadas por eles. Só é possível oferecer e receber respeito no Segundo Círculo. Você não pode gritar por ele no Terceiro.

Quando as crianças crescem, precisam se separar dos pais; mas isso não significa que estes devam se separar delas. É extremamente fácil permanecer presente com os filhos se eles são agradáveis e receptivos, mas todas as crianças, particularmente quando entram na adolescência, têm fases em que são desagradáveis. Nesses momentos é essencial que os adultos permaneçam com os mais jovens e menos experientes. Isso é muito difícil e a princípio pouco compensador, mas evita que rompam com você e as raízes.

Os garotos procuram gangues para proteção, mas também para se sentirem conectados e valorizados. O grafite é um modo óbvio de ser notado e presente nas ruas, porque é expressão do território do Segundo Círculo — marcado por meninos desesperados para serem conhecidos no Segundo.

Não basta estar no mesmo espaço ou na mesma casa do filho. Você tem de *estar lá* com ele, atento, mesmo quando ignorado e desprezado. As crianças mais problemáticas precisam de mais atenção do Segundo Círculo, porque é a falta desta que as deixou perturbadas.

Lembro-me de ter lecionado para garotos que foram expulsos da escola e postos em uma sala de aula juntos. Quando entrei na sala, bati em um muro de energia muito negativa. Eles eram desagradáveis e tinham como principal objetivo se tornarem mais detestados pelos adultos.

Esperavam que eu os odiasse. Não contavam com a atenção não julgadora, o cuidado e a racionalidade do Segundo Círculo. Durante todas as aulas eu tentava permanecer com e não contra eles no Terceiro Círculo. Aquilo foi uma batalha de titãs, mas venci alguns deles e descobri que por baixo da raiva, rejeição e fuga para o Terceiro Círculo havia espíritos assustados, solitários perdidos, negligenciados e, por isso, negligentes.

Sem estar presente para e com eles, eu não superaria a aversão por aquela violência e desdém pela sociedade. Eles a teriam sentido e seria mais fácil me odiarem. Alguns me honraram com real presença e, consequentemente, reconheceram-me a humanidade. Eu não era apenas uma pessoa tradicional e julgadora, mas um ser vivo. Durante a primeira aula, minha bolsa foi roubada. Três semanas depois, quando o culpado já me conhecia, entrei na sala e a encontrei na escrivaninha com todo o conteúdo, exceto o dinheiro. A devolução foi uma das maiores recompensas por ensinar.

Depois que as conexões foram feitas, estudamos Shakespeare e Coleridge. Sempre achei que muitos dos alunos mais contestadores são os mais brilhantes. A inteligência os torna difíceis, mas não se forem reconhecidos positivamente no Segundo Círculo. A maioria só recebera o Segundo fomentado por raiva e desprezo.

Esteja lá para seus filhos — ou os perderá. Se achar que já os perdeu, pratique o Segundo Círculo com eles e descobrirá que nem tudo está perdido, embora você ainda deva suportar a inevitável rejeição inicial das tentativas. Um sinal claro do comportamento maduro é a capacidade de permanecer no Segundo Círculo com quem você ama, mesmo quando há rejeição. Aqueles que o rejeitam voltarão se isso for notado no Segundo Círculo.

A refeição da família

É um almoço em família. Um adolescente rebelde toca em um assunto que o chefe da casa não quer discutir durante a refeição — ou em momento algum. O adolescente pode tocar no assunto em um agressivo Terceiro Círculo, um incisivo Segundo ou um cínico Primeiro. A reação boa seria permanecer com ele no Segundo, ouvir, discutir o assunto ou lhe garantir que seria discutido depois. A reação má e mais comum é ignorar o comentário no Primeiro Círculo, acreditando que a família seguirá a liderança, ou usar um agressivo Terceiro Círculo para mudar de assunto ou começar um bate-boca sempre conduzido no Terceiro — e se todas essas táticas falharem, silenciar o rebelde mandando-o para o quarto.

Em minha família, isso era a rotina. Quando eu falava sobre assuntos indesejáveis, papai se retirava para o Primeiro Círculo, o que podia durar dias. Como muitos homens da geração dele, achava que não tinha de discutir nada que o deixasse desconfortável. Então mamãe entrava em um superanimado Terceiro Círculo, mudando de assunto para o quão mal cozinhara o cordeiro e me chutando por debaixo da mesa em uma tentativa de me calar.

O pai de uma amiga usava a técnica mais sofisticada de introduzir um assunto extremamente chato, como um novo caminho para o trabalho, do qual falava tão detalhadamente no Terceiro Círculo que todos se calavam — inclusive qualquer possível rebelde — de tão cansativo que aquilo era.

Filhos e pais

Ao ler este livro, você poderia ser a criança que sabe que nunca teve um relacionamento satisfatório do Segundo Círculo com os pais. Poderia até estar enfrentando a ideia da morte parental e temendo nunca estabelecer uma conexão com eles.

Como romper esse padrão? Comece a dar as mãos para eles ou a abraçá-los no Segundo Círculo. Com vinte e poucos anos, comecei a abraçar mamãe no Segundo. Tomei essa decisão quando descobri que ela perdera dois namorados na guerra — um foi morto três dias antes da declaração de paz — à qual sobreviveu, tendo obviamente visto o pôster que dizia à nação para "manter a calma e seguir em frente". Ocorreu-me que para ela o risco da intimidade era grande — estava ligado à morte.

Mamãe reagiu me abraçando de volta e nós tivemos anos de grandes abraços. A última coisa que fiz por ela foi ir até seu leito de morte e abraçá-la.

Tente fazer contato visual com seus pais no Segundo Círculo. Procure falar sobre assuntos que os interessem e engajem. Note se há certas configurações físicas em que se sentem mais relaxados e lhes tornam mais fácil estar no Segundo Círculo com você. Isso poderia ser enquanto estão vendo TV ou andando de carro. Ao notar essas situações, invista nelas.

Um grande amigo finalmente fez contato com o pai dele quando descobriu que podia falar-lhe no Segundo Círculo em passeios no campo. Começaram discutindo formações de nuvens. A paixão do pai era o tempo — algo que esse amigo sabia desde a infância, mas só usou quarenta anos depois como uma porta de entrada para o relacionamento.

Evite tempo com eles em situações que os façam se sentir desconfortáveis e os desengajem ainda mais. Note-lhes os Círculos habituais. Estão presentes um com o outro? Têm amigos a quem dão plena atenção? Esses pequenos esforços enriquecerão o tempo com seus pais, que poderão perceber-lhe o esforço e reagir ativamente no Segundo Círculo. Você poderia fazer um real contato e começar a formar um relacionamento importante com eles.

Se não reagirem, pelo menos você tentou. Pode continuar tentando até o fim e, se amá-los, só terá de tomar coragem e lhes dizer isso no Segundo Círculo. Mesmo se estiverem em coma e morrendo, a audição (como mencionei na Parte Um) é o último sentido a desaparecer, de modo que morrerão ouvindo você expressar-lhes o seu amor. E isso libertará a eles e a você.

26
Relacionamentos, casamento e sexo

> O amor é a difícil compreensão de que algo além de nós mesmos é real.
>
> — IRIS MURDOCH

Nós somos animais sociais, e todos buscam conexões íntimas e presentes com outros seres humanos. Até o eremita em uma caverna busca o Segundo Círculo com o divino.

Precisamos ser totalmente conhecidos por alguém em todos os níveis; mas, como o bebê à noite, muitos gritam no Segundo Círculo e não são atendidos. Precisamos de fortes conexões nesse Círculo com um parceiro para trazer filhos para o mundo, porque estes se sentirão mais amados e seguros se os adultos em volta estiverem em harmonia e, na maioria das vezes, conectados. Apenas algumas décadas atrás, a maioria das crianças era criada por um grupo de idosos dedicados que se estendia pela comunidade ao redor. É muito difícil cuidar delas sozinho.

Relacionamentos

Parece que quanto mais pessoas conhecemos, mais solitários nos tornamos. Muitos novos encontros ocorrem em ambientes que tornam quase impossível estar no Segundo Círculo. Como podemos estar presentes uns com os outros em bares, clubes e restaurantes barulhentos se esses locais só podem ser totalmente transpostos no Terceiro Círculo? Além disso, visam a incentivar o consumo de grandes quantidades de bebidas alcoólicas e, portanto, produzem contatos superficiais. São ótimos para diversão e uma certa liberação do Terceiro Círculo, mas não para a intimidade e a formação de relacionamentos duradouros.

Se você busca intimidade, deve explorar locais diferentes que sejam tranquilos e sem distrações ou muito álcool. Tente encontrar com a pessoa a sós. Muitos amigos saem em grupos ou quartetos. Isso pode esconder o fato de que você e a pessoa com quem marcou não são capazes de fazer um contato do Segundo Círculo. Os namoros de vovó sempre ocorriam em caminhadas, porque os namorados dela não tinham dinheiro para bebidas ou refeições. Na verdade, andar em um parque ou no campo encoraja um casal a se engajar mais plenamente um com o outro, embora possa ser melhor deixar isso para quando se sentir confortável no isolamento da companhia apenas da outra pessoa.

Talvez o sucesso recente dos relacionamentos e namoros on-line se deva ao fato de que oferecem às duas pessoas uma chance de se comunicarem em um escrito Segundo Círculo, o que é muito melhor do que um falado Terceiro.

Em um novo encontro, saiba que é possível que vocês fiquem nervosos, o que pode levar um dos dois para um tímido Primeiro Círculo ou exagerado Terceiro, por isso deem-se uma chance. Permaneça no Segundo e veja se a outra pessoa reage. Continue respirando e use uma voz aberta. Faça perguntas diretas. Interesse-se por ela e veja se o interesse é correspondido. Talvez você se lembre de encontros em que, depois de se despedirem, teve a vaga sensação de que não falara sobre si mesmo durante toda a noite. A pessoa com quem tinha se encontrado não estava nem um pouco interessada em você.

Portanto, é importante notar se ela pode manter o Segundo Círculo com você. Se não pode, para onde vai? Para o Primeiro ou Terceiro? Se a princípio achar difícil falar no Segundo Círculo, pelo menos ouça neste.

Quando o relacionamento se desenvolver, note se a pessoa permanece mais tempo no Segundo Círculo com você, o que é uma presença positiva. Um mau sinal é ela começar a se desconectar com mais frequência e querer que os encontros sejam em ambientes que o impedem. Talvez você tenha de encarar o fato de que ela lhe deseja a companhia, mas não a presença. Os primeiros sinais são usar o celular mais vezes, se atrasar para os encontros ou sempre ter algum lugar para ir depois de se encontrar com você ou fazer sexo.

Perguntas sobre encontros do Segundo Círculo

Mais descobertas complexas serão feitas com as perguntas a seguir:

> O parceiro só fica confortável no Segundo Círculo física ou intelectualmente, mas é incapaz de se conectar com você emocionalmente?
> Demonstra o Segundo Círculo em relação a você diante dos amigos e da família dele?
> Está mais presente com os amigos do que com você? Em outras palavras, você é um subproduto da vida dele? Se isso

continuar, o relacionamento terá problemas. Ou o parceiro não se orgulha de você ou não lhe aprecia a presença.

Ele admite no Segundo Círculo quando está errado e vocês podem discordar um do outro sem se retirar para o Primeiro ou atacar no Terceiro? É um claro sinal de respeito adulto, maduro e igual a duas pessoas que se gostam conseguirem discordar sem rancor. Isso só é possível no Segundo Círculo. Contudo, se a discordância desafiar os códigos morais de uma das partes e elas não puderem mudar ou tolerar uma diferença, o relacionamento sairá do Segundo Círculo.

Quando ele se desconecta, você consegue fazer com que volte para o Segundo Círculo?

Vocês se beijam e fazem sexo no Segundo Círculo com ambos totalmente presentes?

Quando se dão as mãos, ele puxa você para ele?

Um dos parceiros controla como o contato é feito ou o contato é igual? Só um de vocês pode tomar a iniciativa de fazer sexo?

Um se afasta do Segundo Círculo depois do orgasmo sem se preocupar com as necessidades sexuais do outro?

Você pode fazer as mesmas perguntas se dançarem juntos. Ele toca em você com um tapinha condescendente ou o puxa para ele?

Toca em você amorosamente levando-lhe em conta a integralidade? O sexo do Primeiro ou Terceiro Círculo pode ser ótimo, mas não íntimo. Um exemplo claro e frequentemente desastroso de não fazer sexo no Segundo Círculo é chamar a pessoa pelo nome errado ou esquecê-lo totalmente.

Só há contato do Segundo Círculo entre vocês se estão sendo mesquinhos ou vingativos, ou rindo um do outro?

O charme entre vocês é conduzido no Terceiro Círculo?

Responder a essas perguntas lhe dirá claramente o estado do relacionamento. Mesmo se as respostas pintarem um quadro negativo, você ainda poderá tentar salvá-lo se esforçando para ficar no

Segundo Círculo com uma energia positiva e amorosa. Se não tomar uma atitude, a relação sufocará um de vocês, ou ambos.

Todo relacionamento não conduzido positivamente no Segundo Círculo está fadado ao fracasso. E se você fingir que está no Segundo com um namorado ou cônjuge quando sabe que não tem uma preocupação e conexão real com ele, será muito infeliz. O relacionamento será desigual; pior ainda, não haverá nada sobre o que construir porque as bases não estão presentes. As almas gêmeas realmente desfrutam de uma conexão total do Segundo Círculo e um relacionamento íntimo através do corpo, da mente, da alma e do espírito.

É claro que os comentários anteriores só se aplicam a quem busca relacionamentos onde há igualdade. Algumas pessoas — consciente ou subconscientemente — buscam a destruição de parceiros desiguais e frequentemente abusivos para não ter de viver no Segundo Círculo.

O amor é, acima de tudo, a doação de si mesmo.
— Jean Anouilh

Casamento

Se queres bem casar, casa com o teu igual.
— Ovídio

Se teve a sorte de casar com uma alma gêmea, ainda é preciso que ambos se esforcem para permanecer presentes um com o outro. Estresse, filhos, longas horas de trabalho, preocupações financeiras, amigos e sogros podem facilmente fazer se desconectarem física, emocional, intelectual ou espiritualmente. Nos casamentos, é preciso tentar estabelecer uma prática diária de reconectar alguma parte de vocês. Pode ser um momento juntos antes de irem para a cama ou um telefonema íntimo e carinhoso.

Devem tentar manter um real interesse do Segundo Círculo pela vida e o bem-estar um do outro. Saiam juntos sozinhos. Apreciem ideias e paixões um do outro. Falem sobre as histórias de vocês juntos, e se acompanhá-lo em um evento que interessa a ele, vá de boa vontade no Segundo Círculo. Por favor, tente não ficar de mau humor no Primeiro ou agressivo no Terceiro na festa do trabalho do parceiro ou naquela ida ao teatro há muito esperada. É melhor não ir se não puder ficar positivamente no Segundo Círculo. Mantenha a igualdade e os canais abertos — dê e receba no Segundo. Seja sincero sobre os problemas e temores juntos. Como um casal vocês devem tentar se encontrar no Segundo Círculo, mesmo se ambos também tiverem tempo e espaço a sós. Muitos casais bem-sucedidos ficam longos períodos longe um do outro, mas voltam a um verdadeiro relacionamento do Segundo Círculo após se aventurarem sozinhos em novos mundos.

Sexo

E aqueles que se unem na noite e se entrelaçam em agitado deleite fazem um trabalho sério e reúnem doçura, profundidade e força para um futuro poeta que surgirá para falar de êxtases indizíveis.
— RAINER MARIA RILKE, *Cartas para um jovem poeta**

Eis o conselho dado a um amigo, quando ele tinha 17 anos, por uma amante mais velha e experiente: "Apenas me dê total e absoluta atenção desde o primeiro olhar, toque, beijo … e será um ótimo amante." Mulheres, imaginem como o sexo seria ótimo se todos os pais dessem aos filhos o mesmo conselho! Este descreve a energia clara do Segundo Círculo do amante. E, homens, saibam

---

*Tradução livre. (*N. do T.*)

que a maioria das mulheres precisa de uma conexão íntima para confiar em vocês o suficiente para realmente apreciar o sexo.

O conselho dado às jovens inglesas na era vitoriana visava a impedi-las de se conectar com os maridos e ter qualquer chance de apreciar o sexo. Supostamente as mães diziam às filhas, na noite dos casamentos, para "se deitarem e pensarem na Inglaterra". Isso pode ter encorajado um foco do Segundo Círculo — mas no Império, não no marido!

Esperava-se que uma boa esposa permanecesse no Primeiro Círculo, sob o domínio de um marido no Terceiro. Foi um choque para mim quando soube que, na era vitoriana, aparentemente, uma em quatro casas em Londres era um bordel. Isso mostra como existiam poucos casamentos no Segundo Círculo.

Ainda há culturas que acreditam que as mulheres não devem desfrutar do sexo. Também preocupa o fato de que, no início do século XX, a brilhante escritora neozelandesa Katherine Mansfield ter sido posta pelos pais em um asilo por masturbação e, no final da década de 1950, uma jovem foi circuncidada nos Estados Unidos quando os pais a descobriram se masturbando.

Portanto, o sexo íntimo e totalmente presente começa com o contato do Segundo Círculo com o parceiro desejado. Não apresse isso. Esteja no momento — e deixe que dure o tempo necessário para vocês dois. Faça contato visual do Segundo Círculo, estenda-o para o toque e depois respirem um para o outro.

No sexo igual você pode se livrar da necessidade de sempre ter enormes orgasmos. O Segundo Círculo os produzirá, mas só se você realmente der importância à intimidade física. E lembre-se de que devem permanecer nele um com o outro depois do sexo.

Se você já consumou o que parece ser um relacionamento importante, recue e recomece. Jogue um jogo de ir a um encontro pela primeira vez — olhar, tocar, beijar e fazer amor em um muito consciente Segundo Círculo. Se vocês gostarem um do outro, você se sentirá mais à vontade para chamar o parceiro de volta se achar que está saindo do Segundo Círculo.

27
Comunidades

As comunidades são especialmente importantes hoje porque estão se dissolvendo em uma época em que muitos de nós não têm uma família imediata.

Eis uma história emocionante para começar este capítulo. É a de Androcles e o leão, que George Bernard Shaw usou como base para a peça dele.

Androcles, um antigo cristão no Império Romano, encontrou um leão em uma floresta. O leão estava com muita dor devido a um espinho na pata. Androcles retirou o espinho e eles ficaram amigos. Tempos depois, Androcles estava no Coliseu romano prestes a enfrentar os leões. O leão, é claro, o reconheceu e, em vez de devorá-lo, eles se abraçaram e brincaram juntos.

> A relevância dessa história é simples. Quanto mais você ajuda as pessoas na comunidade e ao redor dela, maior a chance de um dia lhe retribuírem. Dar é um ato de presença positiva fundamental para a sobrevivência. Um dos motivos de a espécie humana ser, antropologicamente falando, tão bem-sucedida no planeta, é a forte capacidade que possui de formar comunidades.

Seres humanos atravessando o deserto de Kalahari precisam uns dos outros. Juntos, podem afugentar leões, procurar alimento, caçar e dividir a carne, cuidar das crianças e carregar os velhos. Qualquer membro que não permaneça presente para o grupo e viva à custa da comunidade sem retribuir será deixado para trás, para ser comido pelos leões. Esse exemplo é mais próximo de nós do que imaginamos. Para sobreviver, precisamos uns dos outros e essa necessidade só pode ser totalmente expressa se estamos presentes juntos — seja nas comunidades ou em equipes de trabalho bem-sucedidas. Essa presença humaniza os esforços conjuntos e torna a vida melhor e mais significativa.

Quanto mais pessoas na comunidade imediata o conhecerem no Segundo Círculo, mais seguros você e familiares estarão. Só pode haver comunidade quando estamos presentes uns com os outros, e sem ela corremos o risco de perder a conexão essencial, profundamente arraigada no DNA, a própria espécie.

Comece marcando território com presença positiva. Isso não significa cultivar amizades profundas com pessoas ao redor, mas fazer contato regular com elas no Segundo Círculo. Pode incluir a troca de nomes, opiniões básicas sobre o dia, o tempo ou o estado do mundo, perguntas sobre a família, férias ou partilhar uma história engraçada. Se essa troca for igual e não competitiva, o dia será mais rico para ambos. Um grande prazer de quem tem um cachorro é poder formar comunidade através do ato de levá-lo para passear.

Atos simples de atenção e reconhecimento são um bom ponto de partida. Essas trocas poderiam ser, entre outras, com algumas destas pessoas:

Vizinhos
Jornaleiros
Manobristas
Lixeiros
Jardineiros
Vendedores
Garçons

Até o contato visual e uma inclinação de cabeça ou um aceno, um "Como vai você?", a abertura de uma porta para alguém ou qualquer reconhecimento da presença de outra pessoa, tudo isso feito e recebido no Segundo Círculo, humaniza-lhe o próprio mundo e o dos outros.

Note quando você não vê vizinhos há algum tempo. Sei que me sinto muito mais segura à noite perto do National Theatre conhecendo os mendigos pelo nome, e houve ocasiões em que eles me protegeram.

Em comunidades menores esse comportamento é mais natural, embora esteja sendo anulado pelo automóvel, porque as pessoas não estão mais caminhando e, portanto, se esbarrando. Os encontros exigem um real esforço quando se vive em grandes centros urbanos, mas é o único modo de termos uma vida rica e segura.

Se quiser conhecer a própria cidade e bairro, esteja presente na comunidade a que pertence. Na década de 1990, eu estava trabalhando em Atenas quando um terrível assassinato foi notícia na Inglaterra. Dois jovens garotos (ambos com dez anos) raptaram um menino de dois anos em um shopping perto de Liverpool e andaram três quilômetros com ele antes de matá-lo. Você sabe como é difícil andar com uma criança dessa idade, principalmente contra a vontade dela. Deve ter sido uma luta percorrer com ele essa distância. O que amigos atenienses não conseguiam entender era por que ninguém por onde eles passaram conhecia pelo menos um dos garotos que tinham raptado o menino, ou o menino. Várias pessoas notaram a criança aflita e questionaram os mais velhos, mas simplesmente aceitaram a explicação deles de que o menino estava perdido e o levavam para a delegacia policial. Esse espantoso crime ocorreu porque não havia comunidade; ninguém conhecia os garotos. Não acho que é porque não nos preocupamos uns com os outros que esse tipo de crime acontece. Acho que é porque não nos conhecemos o bastante para nos preocupar.

28
Educação

> Nenhum homem poderá revelar-vos nada senão o que já está meio adormecido na aurora do vosso entendimento.
> Se o mestre for verdadeiramente sábio, não convidará o aluno a entrar na mansão do saber, e sim, estimulará o aluno a encontrar o limiar da própria mente.
> — Khalil Gibran, *O profeta*

Esta parte é para todos que ensinam ou aprendem. Poderia ser em escolas, universidades ou quando informações são partilhadas com colegas no local de trabalho. A essa altura provavelmente já sabe que o aprendizado profundo, ativo e completo só ocorre quando professor e aluno estão no Segundo Círculo. Também ajuda o professor ser apaixonado pela matéria, porque é muito difícil um aluno permanecer interessado sem o total envolvimento do professor.

O ensino do Terceiro Círculo, que é um risco ocupacional, pode controlar os alunos e transmitir informações, mas esse aprendizado é passivo e geralmente superficial. Mesmo quando os alunos tentam aprender no Segundo, precisam de muita força de vontade para permanecer no Segundo com um professor no Terceiro. Não quero culpar os professores por adotarem a energia do Terceiro, porque ela parece ser o modo mais imediato de engajar um grupo de alunos ameaçadores. Afinal, essa é uma boa estratégia de defesa.

Para fazer justiça aos professores, a maioria deles não tem treinamento de voz. Na Grã-Bretanha, essa preparação desapareceu no final da década de 1970, para cortar custos. O resultado é que não só os mestres sofrem de exaustão vocal e perdem regularmente a voz, como também têm dificuldade em ensinar se não conseguem ser ouvidos ou só o são quando gritam. Todos sabemos que ninguém ouve bem uma pessoa que grita, e ser ensinado no Terceiro Círculo só encoraja no aluno um mal-humorado Primeiro ou confrontador Terceiro.

Um professor no Primeiro só tem chance de ensinar alguma coisa se for um renomado guru, com alunos dispostos a ouvir cada palavra que diz e a entrarem no Primeiro Círculo se inclinando para a frente para ouvi-lo.

Muitos professores tentam — e desejam — fazer um ótimo trabalho. Isso é difícil quando submetidos a muitas pressões, exigências e restrições por parte da sociedade e do governo. Somente os mais qualificados podem permanecer presentes e totalmente eficazes nessas condições. Muitos se importam de fato com os alunos, mas são criticados se não parecem estar resolvendo todos os problemas de uma sociedade ausente.

> Não há emprego mais nobre ou valioso para o Estado do que o do homem que instrui a nova geração.
> — Cícero

O melhor ensino ocorre de momento, mas é muito difícil estar presente quando lhe dizem o que e como ensinar. Os professores se esforçam para seguir as diretrizes do governo e colocar as escolas em uma posição alta nas provas de avaliação de ensino, e o modo mais fácil de obter bons resultados nesses testes é ensinar mecanicamente, o que pode ser fácil no Terceiro Círculo. Sei que essas avaliações têm um lugar na educação, mas se o professor e o aluno não puderem ser criativos e se desviar de um caminho que só responde a uma pergunta específica, nunca experimentarão a excelência nem permanecerão curiosos e interessados na matéria. Ensinar visando a apenas resultados mensuráveis pode ser eficaz a curto prazo, mas não educa profunda e individualmente para o futuro.

Se os alunos não conseguem ficar no Segundo Círculo porque não tiveram uma família presente com eles, estão em enorme desvantagem. Resta ao professor o difícil e injusto trabalho de treiná-los para estarem presentes antes de começar a lhes ensinar.

Você vê essa falta de presença nas crianças negligenciadas em casa, mas também naquelas com pais tão ambiciosos e competitivos que a criança acha mais fácil a reação direta de ficar no Primeiro ou Terceiro Círculo. Tanto a criança negligenciada quanto a coagida podem se revoltar se desligando ou com um agressivo "dane-se".

Eis duas histórias de meus primeiros tempos de magistério sobre dois professores que me ensinaram a respeitar os direitos das crianças e dos alunos.

> Lecionei durante muito tempo em uma escola de uma cidade do interior. A maioria das crianças vivia em conjuntos habitacionais e vinha de famílias fragmentadas.
>
> Eu era assistente de uma professora na casa dos sessenta. Na sala dos professores faziam pouco dela e eu tinha a clara sensação de que a diretora mal podia esperar que se aposentasse. Com o restante da equipe, ela era tímida — sentia-se ameaçada e sabia muito bem que a diretora detestava o modo de

ela ensinar, porque não se atinha ao currículo. Mas era uma professora brilhante.

Nunca me esquecerei das dádivas de amor, sabedoria e cura que ela concedeu àquelas crianças carentes. Elas a adoravam, se sentiam seguras e realizavam tarefas incalculáveis bem acima da capacidade de suas idades.

Imagine uma típica manhã de segunda-feira no inverno. Aquelas crianças de cinco anos ficaram presas em casa o fim de semana inteiro assistindo a TV e entraram no espaço aberto agitadas. Essa professora permitia o caos por algum tempo. Nunca levantava a voz e se sentava observando, presente, amorosa e interessada. Em minutos as crianças se acalmavam e se reuniam ao seu redor, respiravam com ela, que começava a ensinar gentil e claramente.

Ela permaneceu presente com uma menina tão perturbada que estava cobrindo as paredes do banheiro com os próprios excrementos. A professora não ficou chocada, mas limpou as paredes com a menina, conversando o tempo todo com ela no Segundo Círculo. Deu à menina tarefas de arrumação e responsabilidades, e não houve mais excrementos nas paredes do banheiro.

Foi a pessoa que notou que um menino estava usando as mesmas roupas sujas há dias e tomou uma atitude. Descobriu que a mãe dele o deixara sozinho por uma semana.

Ficou do meu lado quando sugeri que o menino mais levado da sala era parcialmente surdo e a diretora estava rejeitando essa ideia. Depois se descobriu que a criança tinha pouca audição e aprendera sozinha a fazer leitura labial, falar e ler — era brilhante!

Essa professora nunca teve problemas de disciplina, ao contrário do restante da equipe, e nunca falou negativamente sobre uma criança.

Então qual era o segredo dela? Antes de qualquer conhecimento ser partilhado ou do início da aula, ela e as crianças se sentavam juntas, quietas e presentes. A professora fazia contato visual claro com cada criança e, quando estavam presentes, começava o trabalho. Não se importava se isso levava tempo, e ensinava o que intuía que elas podiam aprender. Por isso, às vezes era matemática em vez de leitura. E em outras ocasiões era uma história antes de redação. O horário dela era desordenado, mas os ensinamentos não, e através da desordem as crianças aprendiam ordem.

Hoje não seria permitido a essa mulher notável lecionar, mas sei que os alunos têm ótimas lembranças dela. Enquanto escrevo isto, há homens e mulheres de meia-idade em Londres que só estão sobrevivendo por causa dela e, provavelmente, são pais melhores devido ao amor e à fé que depositaram neles quando tinham cinco anos.

A segunda história é sobre intrusão. Quando os professores estão no Segundo Círculo, sabem qual é o momento certo para ensinar e, se o objeto exige toque, sabem quando e como tocar.

Muitos anos atrás uma professora de teatro de oitenta anos me disse: "Nunca toco em ninguém se houver um contexto nesse toque. Demorei quarenta anos para aprender isso."

Isso foi na década de 1970, quando era legal tocar! Desde então penso quase todos os dias nisso. A simplicidade e verdade desse comentário sempre permanecerão comigo. Para tocar efetivamente você tem de estar no Segundo Círculo, mas se houver um contexto o aluno sempre a sentirá.

Do mesmo modo, nada que disser tem de ter outro contexto além do bem-estar e desenvolvimento do aluno, e isso só será avaliado no Segundo Círculo. Como professor, você deve falar a verdade quando ele conseguir recebê-la no Segundo. Isso pode magoar, mas não é cruel se não há assunto, desejo, rancor, vingança ou antipatia... somente a iluminação do aluno.

Se você é professor, trabalhe no Segundo Círculo através do corpo, respiração e voz, porque essa comunicação direta é uma parte enorme da profissão que escolheu. Você não só será mais eficaz como também terá uma voz mais saudável sexta-feira à tarde. Acredite ou não, há uma síndrome chamada "voz de sexta à tarde", muito comum entre os professores que fizeram esforço vocal a ponto de não conseguir falar no fim de semana. Um claro sinal do ensino no Terceiro Círculo.

Contestando o professor

Se ensinar no Segundo Círculo, será capaz de sentir e prever um aluno contestador. No Primeiro ou Terceiro, essas contestações tenderão a pegá-lo de surpresa.

Os alunos inteligentes e talentosos frequentemente são questionadores e às vezes é motivo de orgulho para o professor que se sintam à vontade para contrariá-lo. Uma boa e saudável argumentação é feita no Segundo Círculo; mas a maioria ocorre no Terceiro ou como um comentário murmurado no Primeiro, para você não ouvir. Usando a presença positiva, traga a contestação do Terceiro para o Segundo e peça calmamente a quem a fez no Primeiro para repetir o que disse.

Uma boa reação é se engajar na discussão e permanecer aberto, talvez até admitindo que não sabe a resposta! Entenda o ponto de vista do aluno, coloque-o no contexto e se ofereça para explorar as ideias por trás da contestação — se não nesse momento, o que poderia atrapalhar a aula, em outro mais apropriado.

Essa abordagem faz toda a classe se sentir segura e neutraliza o que os alunos possam ter contra você e a matéria. A discordância se permite educativa para você e os alunos. Toda contestação na vida é aceitável se feita apropriadamente, e a reação cortês do professor ensina o aluno a questionar com cortesia. Essa é uma capacidade que facilita a vida em todos os contextos — promovê-lo e torná-lo ainda mais estimado.

Espero ensinar assim, mas certamente tive as piores reações possíveis no passado: entrar em um muito energizado Terceiro Círculo para provar que o aluno estava errado, dar um exemplo após o outro de por que estava certa e até ir rapidamente para casa examinar livros didáticos para mostrar-lhe o erro. Isso faz o aluno se afastar de você ou se empenhar em pegá-lo em todo deslize que cometer. Seja como for, prejudica o aprendizado. Faz os membros menos seguros da classe se retraírem ainda mais e você assumir o controle através do medo do Terceiro Círculo.

29
O local de trabalho

A maioria de nós tem de trabalhar. O emprego ocupa uma parte enorme da vida e as pessoas de minha geração — as nascidas após a Segunda Guerra Mundial — provavelmente terão de trabalhar até os setenta anos. Muitas acham que não têm escolha nas carreiras, o que frequentemente não é verdade, e, mesmo tendo, são capazes de ficar emperradas e passar anos perdendo a vontade de viver.

Tenho de fazer uma pergunta que afetará inclusive o bem-estar, e que se pode fomular em qualquer ponto da vida: você deseja ter sucesso no trabalho?

Se a resposta for sim, precisará estar no Segundo Círculo para alcançá-lo. Neste, terá paixão suficiente no coração e na mente para adquiri-lo. É claro que você consegue obter algum progresso e sucesso no Terceiro Círculo, mas para alcançar o poder responsável tem de passar deste para o Segundo. Senão, perderá a alegria e a paixão pelo trabalho e não terá respeito ao redor.

Note como a média administração está repleta de blefadores que raramente são promovidos e operam com cinismo e sentimento de derrota. O sucesso também exige muito esforço e você nunca obtém sucesso sustentável se é preguiçoso. O trabalho e o compromisso exigidos no Segundo Círculo em todo o corpo, mente e coração são a antítese da preguiça. Se você é preguiçoso, não está no Segundo. A preguiça é expressa em um desligado Primeiro Círculo ou blefador Terceiro, porque você tenta provar ao mundo que está trabalhando.

Se a resposta para a pergunta sobre o sucesso for não, você não deseja poder e sucesso, é totalmente justificável tomar essa decisão. Ninguém quer o estresse e a luta que o sucesso exige. Isso me leva a uma segunda pergunta: você deseja ter uma vida profissional gratificante, mesmo se não envolver promoção?

Creio que uma resposta honesta seria sim; mas se não permanecer no Segundo Círculo, cairá em um desligado Primeiro e passará a maior parte dos dias ausente de si mesmo e dos outros para ganhar dinheiro. Isso não é totalmente sua responsabilidade, porque muitos locais de trabalho incentivam o desligamento. Você não deve sucumbir a essa tirania, mas procurar um emprego que lhe permita estar presente.

A introdução da linha de montagem na fábrica de Henry Ford teve muito a ver com uma massa de trabalhadores se tornando adormecida. Uma linha de montagem só pode continuar a fluir se os empregados não se importam com o produto nem têm paixão por ele. Ford não queria artesãos no processo de montagem, pois estes se empenham no que fazem, e isso os mantém no Segundo Círculo em qualquer tarefa que realizem. Importando-se com o produto em uma linha de montagem da Ford, a parariam se vissem uma mossa em uma calota e Henry perderia produtividade e milhões de dólares.

> Tecnologia é a habilidade de organizar o mundo de modo a não ter de senti-lo.
>
> — Max Frisch

Buscando o sucesso

Não se iluda ou escolha o modelo de sucesso das pessoas no Terceiro Círculo que se empurram para o topo, porque raramente chegam lá. É particularmente importante que as mulheres entendam que o local de trabalho é, de modo deprimente, cheio daquelas ambiciosas que adotam os piores hábitos dos homens à guisa do Terceiro. Consequentemente, perdem as habilidades femininas da intimidade do Segundo.

Comece a perceber que, quando não está no Segundo Círculo, é atropelado pelos acontecimentos, e aqueles com poder sobre você notam-lhe a ausência (Primeiro) ou a contestação generalizada (Terceiro).

Atitude para o sucesso

- Observe os chefes. Estão no Segundo ou Terceiro Círculo? Se estiverem no Primeiro, não estão fazendo o trabalho deles e provavelmente precisam de pessoas ao redor corrigindo falhas. Talvez tenha de escolher se quer estar sempre os tirando da própria apatia.
- Permaneça no Segundo Círculo em toda reunião importante. Mesmo quando aqueles ao redor estiverem entediados e no Primeiro, você será notado.
- Permanecer no Segundo Círculo no trabalho revela se há lacunas em suas habilidades e se precisa de treinamento em áreas diferentes para ser bem-sucedido. No Segundo será visível se poderá subir na organização. Saberá se esta deseja-lhe a presença positiva ou se desafia os funcionários e os faz se sentirem desconfortáveis. Algumas corporações não querem o sucesso; a empresa faz o mínimo de esforço e é ameaçada por uma força dinâmica. Com a atenção do Segundo Círculo, você terá consciência de todos os obstáculos no caminho para a promoção.

- Não seja arrastado para a apatia pelos blefes das pessoas no Primeiro Círculo ou pelas que operam no Terceiro.

Quando atingir o objetivo, terá de permanecer mais no Segundo Círculo porque nunca se pode relaxar com o poder. Na verdade, precisará estar mais presente porque outros buscarão sua posição.

Atitude para a satisfação no emprego

- Trabalhe em uma empresa em que pelo menos parte do trabalho desperte-lhe a paixão e o interesse.
- Se isso não for possível, talvez tenha de pensar em alguma forma de retreinamento, e buscar conhecimentos que lhe possibilitem trabalhar em uma empresa que lhe incentive o crescimento da paixão e do interesse.
- Se, em algum momento da vida, você se vir em um emprego sem futuro, pelo menos faça algumas tentativas de ter conexões do Segundo Círculo ao redor. Descubra interesses em comum com colegas. Realize tarefas do melhor modo possível e isso instilará presença positiva no local de trabalho.

Há alguns anos Muhammad Ali disse que teria sido o melhor em tudo o que fizesse, mesmo se tivesse sido lixeiro.

Um bom trabalho exige a atenção do Segundo Círculo aos detalhes. Até um sanduíche bem preparado é um ato de presença positiva do Segundo.

Empregos sem futuro

Há muitas formas de emprego sem futuro, mas a pior delas tende a ser a de pessoas aprisionadas na pobreza e em dívidas, sem acesso à educação, que seria uma saída para elas. Contudo, mesmo aqueles em empregos aparentemente sem futuro podem ser muito apreciados quando fazem um ótimo café com o cuidado do Segundo Círculo. Os fortes laços do Segundo formados no chão da fábrica conseguem mudar vidas.

Ocasionalmente, espíritos notáveis encontram uma saída. Tive alunos, todos surpreendentes, que com firme determinação e inteligência escaparam de tais armadilhas. Essas são algumas das pessoas mais inspiradoras do planeta, mas raras, e o destino das incultas pode ser triste.

Lembro-me de ter ouvido sem querer um comentário em uma festa de aposentadoria em um pub sujo no sul de Londres: "Eu trabalhei 37 anos para essa m**** de empresa e tudo o que eles me deram foi uma caixa de bombons!" Como é trágico toda uma vida profissional terminar desse modo desmoralizante.

Minha própria epifania foi trabalhar em uma biblioteca quando tinha 18 anos e observar o desespero do staff mais velho, que se sentia perdido no trabalho. Muitos tinham sonhado em se tornar escritores ou artistas, mas optado pela segurança à paixão e o desconhecimento ao fracasso. Alguns passavam o dia inteiro tramando pequenas aventuras para escapar, que podiam incluir esconder-se no banheiro por horas a fio. Um deles me disse: "Gosto de livros; o problema neste trabalho são as pessoas."

Além disso, um emprego pode ser bem remunerado e dar segurança, mas não há desafios nas áreas que lhe podem alimentar a vida e a presença. Esses são empregos bem-sucedidos, mas podem ser improdutivos emocional e espiritualmente.

Não faz muito tempo ouvi um jovem dizer para um amigo: "Tenho uma ótima especialização em ciências e estou ganhando muito dinheiro em uma grande empresa, mas na verdade trabalho na produção de papéis higiênicos melhores. Ele parecia muito desapontado, mas pelo menos a educação significava que podia, com um pouco de motivação do Segundo Círculo, fazer uma mudança. As pessoas de sorte são as que têm escolha.

Sempre que atuo no mundo corporativo, vejo que esse trabalho desafia muitos a repensarem as próprias vidas e modos de operar. Um jovem de 25 anos que ganhava U$400 mil por ano lembrou-se em um de nossos exercícios de como se sentiu vivo em um safári. Vendo o poder de um leopardo em uma árvore acima da cabeça, ele fez contato visual do Segundo Círculo com o bicho. Dois anos depois, escreveu para me dizer que havia aberto mão do ótimo salário e agora estava trabalhando em preservação ambiental.

30
O mundo corporativo

> O poder consiste na capacidade de ligar a própria vontade ao objetivo dos outros, de liderar pela razão e por uma dádiva de cooperação.
>
> — WOODROW WILSON, *Carta para Mary A. Hulbert*

Todos os grandes líderes têm carisma, amor e paixão pelo trabalho, e operam no Segundo Círculo.

O encorajamento desse Círculo faz os funcionários trabalharem duro para eles, se sentirem apreciados, reconhecidos e leais. De certo modo, sentem-se iguais ao líder e são capazes de contestá-lo e contribuir como um bando de irmãos.

Os CEOs que se comunicam no Primeiro ou Terceiro Círculo não infundem confiança, lealdade ou paixão nos funcionários. Nesse cenário, a empresa sofre e a mudança e o crescimento podem ser prejudicados porque o líder está efetivamente bloqueando a energia criativa do mais rico recurso: a inteligência e paixão humana.

Os grandes líderes militares sabem que têm mais chance de as tropas os seguirem sem questionamentos quando se dirigem a elas de maneira pessoal, igual e íntima. Um brado de convocação do Terceiro Círculo pode ser impressionante, magnificente e eficaz, mas dificilmente será lembrado quando a terrível guerra dos negócios começar. Nos dias mais duros da Segunda Guerra Mundial, Winston Churchill falou totalmente no Segundo Círculo para os ingleses e se incluiu na guerra: "Eu não tenho nada a oferecer além de sangue, trabalho, suor e lágrimas." E, novamente:

> Nós devemos defender a ilha a qualquer custo; devemos lutar nas praias, locais de desembarques, campos, ruas e colinas; jamais devemos nos render.

Churchill se tornou igual ao povo. O "nós" o colocou bem no centro da luta.

Shakespeare explora a mesma conexão entre Henrique V e as tropas antes da Batalha de Agincourt. Esse rei cercado de soldados se conecta com os homens no Segundo Círculo. Com esse real vínculo, um Exército em inferioridade numérica derrota o inimigo.

> Nós poucos, nós os felizes poucos, nós bando de irmãos.
> Porque aquele que hoje derramar o sangue comigo
> Será meu irmão.

Um CEO do Primeiro Círculo tende a deprimir a força de trabalho, e um do Terceiro pode motivar mentalmente com uma energia generalizada, mas raramente produz atmosfera aberta e criativa. Na pior das hipóteses, um CEO do Terceiro intimida a força de trabalho.

Os líderes nesse Círculo não gostam de ser contestados. São capazes de humilhar, ignorar, gritar e ridicularizar os funcionários para levá-los à submissão. Eles não ouvem, e uma contestação do Segundo na hora errada poderá afastar você do grupo, excluí-lo e até fazer com que seja demitido. Os outros funcionários se tornarão espectadores e cúmplices da intimidação de um colega, e viverão com medo.

Como membro de uma empresa, você é notado e é capaz de alcançar rapidamente o sucesso quando mantém a presença e a busca ativa pela excelência. Esteja presente em encontros com apenas uma pessoa e reuniões, não importa o quanto sejam grandes, porque a energia do Segundo Círculo iluminará e brilhará na usual frequência do Primeiro nas grandes reuniões de funcionários.

Talvez você tenha de ajustar e usar com cuidado a energia do Segundo Círculo se o chefe imediato estiver no Primeiro ou Terceiro e se sentir ameaçado. Se a empresa não quiser dar a ele o poder da presença, terá de mudar de emprego para obter satisfação e sucesso.

Comece a reconhecer se você permanece no Segundo Círculo em reuniões com uma só pessoa, mas não com grupos grandes. Frequentemente esse é o caso com as mulheres. Ou talvez seu ponto forte seja o Segundo Círculo com um grupo, mas não em reuniões com uma só pessoa. Geralmente, os homens se encaixam mais nessa categoria. Quando descobrir seus pontos fortes, poderá tentar permanecer no Segundo Círculo na área em que é fraco.

É verdade que as empresas funcionam melhor e são mais produtivas com funcionários mais felizes, quando o contato do Segundo Círculo é incentivado. Isso desafia o antigo estilo de administração de comando e controle, ameaçado por uma força de trabalho presente e alerta. O controle do Terceiro é usado por quem segue a velha ordem. Se estiver nesse tipo de empresa, tente começar a humanizar aqueles ao redor por meio do contato do Segundo. Recepcionistas, faxineiras, colegas e até o chefe mais imediato ficarão gratos. Depois de algum tempo, você notará uma mudança positiva na energia do ambiente.

Quando você se sintonizar com o Segundo Círculo em si mesmo e nos outros, identificará a cultura energética em cada prédio que entrar — a energia que vem do topo e chega ao subsolo.

Em entrevistas de emprego, será capaz de sentir se está entrando em um espaço amigável do Segundo Círculo. Fazendo negócios com outras organizações, reconhecerá rapidamente a cultura delas e saberá mais cedo se o relacionamento será agradável ou não. Empresas sadias são presentes e abertas — fornecem serviços ao público com atenção e presença.

Na última década, algumas empresas poderosas, como bancos, supermercados e operadoras de cartão de crédito passaram a tratar os clientes e fornecedores do modo desdenhoso e frequentemente cínico do Terceiro Círculo.

> Um banqueiro é um sujeito que lhe empresta o guarda-chuva quando o sol está brilhando, mas o quer de volta assim que começa a chover.
> — Mark Twain

Acredito que as instituições bancárias nos são mais perigosas para as liberdades do que exércitos permanentes. Se o povo americano algum dia permitir que bancos privados controlem a emissão da moeda, primeiro pela inflação e depois pela deflação, os bancos e as empresas que crescerão ao redor (dos bancos) despojarão o povo de todas as propriedades até seus filhos acordarem sem lar no continente que os pais conquistaram.

> O poder de emitir moeda deveria ser tirado dos bancos e devolvido ao povo, ao qual pertence.
> — Thomas Jefferson, carta para o secretário do Tesouro Albert Ballatin, 1802

Antes era possível você ser tratado como ser humano e receber atenção do Segundo Círculo do gerente de seu banco, mas agora isso é raro, embora o dinheiro lhe pertença. Todos nós nos sentimos impotentes quando tentamos obter algum contato e compreensão do Segundo dos centros de atendimento telefônico. Isso equivale a estar perdido em um labirinto do Terceiro e é um alívio quando você encontra uma voz interessada.

A maioria dos supermercados trata os funcionários, fornecedores, agricultores que cultivam a terra para ganhar a vida e os clientes com desdém do Terceiro Círculo. Isso é incrível, porque desumaniza as próprias pessoas que os mantêm abertos. Às vezes, como consumidores, percebemos o total desprezo que algumas multinacionais sentem por nós — as massas adormecidas.

Conta-se que o presidente do Conselho de uma grande operadora de cartão de crédito disse que os clientes eram idiotas por pagarem juros tão altos. E que o dono de uma cadeia de joalherias certa vez comentou que a própria mercadoria era "sem valor" e ele não a compraria. Esse comentário o fez perder a empresa. Um trapaceiro não pode pensar na vítima no Segundo Círculo; a vítima não deve ser humana. Nós precisamos ser desumanizados, considerados tolos que merecem ser enganados.

Autólico, o trapaceiro de Shakespeare, observa em *Conto de inverno*: "Que louca é a honestidade!" Esse jovial trapaceiro ri das pessoas que acreditam nele e o tratam com gentileza enquanto ele as rouba.

A verdade e a honestidade só existem se você tem um diálogo do Segundo Círculo consigo mesmo e com determinadas pessoas no mundo.

> O problema do poder é como conseguir seu uso responsável, em vez de irresponsável — e fazer os homens poderosos viverem para o público, em vez de distantes dele.
> — Robert F. Kennedy

O mundo corporativo deveria investir no comportamento do Segundo Círculo dentro das próprias paredes e também fora delas. Assim, a longo prazo a vida da empresa seria mais saudável, próspera e honesta.

> O prazer no trabalho aperfeiçoa a obra.
> — Aristóteles

Para terminar este capítulo, vou examinar as atividades que são essenciais para você ser bem-sucedido. Há muitas outras que poderia descrever, mas estes são os temas que surgem regularmente e interessam a muitas pessoas com quem lido em workshops. Na verdade, você pode transferir essas habilidades para vários outros acontecimentos no trabalho e na vida pessoal.

Fechando um negócio

Todo grande vendedor atua no Segundo Círculo. Se você perder a confiança e se atrapalhar no Primeiro ou Terceiro, poderá não fechar o negócio.

Apenas ouça uma boa tentativa de vendas pelo telefone. Você nem mesmo consegue desligar educadamente se o vendedor permanece no Segundo Círculo. Só consegue fugir quando o ouve entrar no Primeiro ou Terceiro. Um bom vendedor é capaz de permanecer no Segundo mesmo se finge estar no Primeiro ou Terceiro. Você pode notar como ele parece estar no Primeiro enquanto lê as letras pequenas de um contrato ou quando ele atende a um telefonema de outro cliente, mas ainda está com você.

Para fechar um negócio, permaneça no Segundo Círculo, mesmo se em certas etapas da negociação aparentemente tiver de se retirar para o Primeiro. Respire no Segundo para o cliente. Sente-se em uma cadeira que lhe permita ficar com as costas retas e os pés no chão. Ajuda se puder empurrar gentilmente com uma das mãos o braço da cadeira para engajar a respiração. Isso intensifica o Segundo Círculo se você sentir que a negociação está difícil.

Entre em qualquer sala e negociação no Segundo Círculo. Até o bate-papo aparentemente casual antes do início da negociação se concentrará em você e no cliente. Ao apertarem as mãos, permaneça constantemente no Segundo Círculo. Não há nada de casual em negócios importantes, e a importância sempre é expressa no Segundo.

Lembre-se de terminar no Segundo; não se desvie para o Primeiro ou Terceiro, mesmo quando o negócio estiver fechado. Permanecer no Segundo causa uma impressão mais forte e é gentil e agradável.

Reserve os melhores argumentos de venda para os momentos em que o cliente estiver nesse Círculo e o ouvindo totalmente. Em um claro Segundo, você o atrairá se ele estiver no Primeiro e o fará ficar mais amistoso se estiver no Terceiro. Mesmo se não fechar o negócio, permaneça no Segundo Círculo, porque isso lhe manterá a conexão e mostrará sua resiliência.

Se você usar essas estratégias, será um grande vendedor. Com isso quero dizer que venderá para pessoas que o conhecem um pouco, o que pode significar que não desejará coagi-las a fazer um negócio que realmente não querem. Possivelmente a venda do Segundo Círculo é mais ética, de modo que poderá perder alguns negócios, mas a longo prazo ganhará a confiança dos clientes.

Entrevistas ou apresentações

Você realmente otimiza a chance de sucesso se é entrevistado ou faz uma apresentação no Segundo Círculo.

Muitos daqueles por quem é entrevistado e para quem está presente desejam derrubá-lo do pedestal. Podem deliberadamente adotar uma fachada irritante que o incentiva a se empertigar no Terceiro Círculo ou se dar por vencido no Primeiro. Uma apresentação neste Círculo pode deprimi-lo. Um no Terceiro pode torná-lo agressivo, assim como o público que ouve a apresentação.

Por favor, lute contra essas tentações, porque você pode se sair bem em uma entrevista ou apresentação no Terceiro Círculo, mas não otimamente. No Primeiro não tem nenhuma chance de sucesso! Tanto as entrevistas quanto as apresentações são ocasiões formais, e nunca devem ser nesse Círculo. Se um acontecimento é importante, merece a energia do Segundo. Se você for agressivamente questionado ou importunado com perguntas insistentes, permaneça no Segundo.

Lembre-se de que se você se sair mal em uma entrevista em que permaneceu no Segundo, pelo menos saberá que foi visto e fez o melhor que pôde. Se for bem-sucedido no Terceiro, podem estar ficando com alguém que realmente não querem e se verá em um trabalho inadequado.

Preparação

- Antes de entrar em uma sala, posicione-se no corpo do Segundo Círculo e inspire profunda, silenciosa e calmamente. Se houver uma parede que possa empurrar sem ser visto, empurre-a e respire. Se você se sentir indolente, ande de um lado para o outro energicamente. Solte os ombros.
- Ao entrar na sala, respire-a no Segundo Círculo.
- Faça contato visual e, definitivamente, faça-o ao apertar mãos no Segundo.
- Comece quando estiver pronto e com a respiração certa. Não se apresse a sair desse Círculo.
- Ouça no Segundo. Se lhe fizerem perguntas, não interrompa a pessoa antes de ela terminar. Apressar-se o colocará no Primeiro Círculo; blefar, no Terceiro.
- Seja claro e direto, com a voz aberta.
- Permaneça curioso e afável.

31
Profissões que dependem do Segundo Círculo

Há certas profissões e vocações que só podem levar ao sucesso quando exercidas na energia do Segundo Círculo. Mas essa energia pode ser sua apenas em parte — do corpo ou da mente. Contudo, você será mais rico em si mesmo e na vida se puder operar totalmente nesse Círculo.

Esportes

Os grandes vencedores nos esportes estão no Segundo Círculo. É por pura sorte que alguém acerta uma tacada sem a intenção do Segundo; mas um dos motivos pelos quais as pessoas se reúnem para assistir a grandes eventos esportivos é que neles veem presença e força vital.

Os jogadores amadores frequentemente blefam no Terceiro, mas essa agressividade generalizada, ou esse entusiasmo, não tem ordem e pode levar a erros que acabam sendo alvo de piadas após o jogo. Você pode ver em vídeos editados na TV inúmeras tentativas no Terceiro Círculo falhando completamente. O chute ansioso que faz o jogador cair de costas; a mergulhadora se exibindo e não totalmente concentrada mergulhando de mal jeito do Terceiro.

Um membro de equipe no Primeiro é um perigo para a equipe, e na escola os jogadores com essa energia são os últimos a serem escolhidos porque a ociosidade deles inevitavelmente cria um vácuo no campo de jogos.

Muitos de nós se envolvem com esportes, às vezes radicais, para encontrar o engajamento do Segundo Círculo, nos sentirmos vivos e ativos. Esses esportes amenizam a vida trivial, que depois do jogo é tomada de burburinho e paixão.

Atuação

Os grandes artistas estão no Segundo Círculo e a capacidade de permanecer concentrados nele pode ser a diferença entre o ator medíocre, o bom e o ótimo.

É possível ser bom músico e tocar no Primeiro ou Terceiro Círculo. Alguns dançarinos modernos parecem fazer carreira no Primeiro, assim como alguns cantores de boate, mas o trabalho é rapidamente esquecido. É difícil nos lembrarmos da dança ou canção no dia seguinte.

Os artistas devem saber que o público anseia por ser levado de volta para o Segundo Círculo pelo trabalho deles. O motivo de gastarmos dinheiro em concertos e teatros é recuperar a presença. Você pode apreciar um espetáculo apresentado no Terceiro, mas não é transformado por ele. A pista para a apresentação artística está na palavra "vivo". Nós buscamos vida na atuação ao vivo e a vida é a energia do Segundo Círculo. Somos transformados pelos artistas no Segundo, desde que também estejamos nele. Quando isso acontece, nos lembramos da atuação décadas depois de assisti-la.

Infelizmente há uma tendência recente das produções teatrais a estimular o público com muita energia do Terceiro Círculo. O público fica cheio de energia não específica e acredita que está tendo uma ótima experiência ao ser levado para o Terceiro. Esses espetáculos são eficazes, mas não humanos. Você não se importa com os personagens ou as histórias deles, embora aprecie os efeitos ao redor.

Até certo ponto, os valores da produção criam esse problema. Sets imponentes, projeções e música amplificada podem reduzir o artista a um dente na engrenagem do palco que perdeu o espaço humano e a individualidade.

Também há problemas de design do espaço, que se for muito desconectado da proporção do corpo humano, dificultará a energia do Segundo Círculo do ator e do público. A maioria dos palcos para astros do rock é puro Terceiro — parte do prazer do público é se perder e se juntar a uma multidão nesse Círculo. Contudo, quando um grande artista do Segundo sabe usar essa energia, o público pode ser transformado. Quando vi os Beatles em seus primeiros dias, estava entre uma multidão de garotas que gritavam para eles. Os membros da banda eram pequenos pontos no palco, mas pude ver John Lennon claramente. O Segundo Círculo dele era muito forte.

Se as cadeiras forem muito confortáveis nos teatros ou nas salas de concerto, o público terá mais dificuldade em permanecer presente. Pode entrar em um confortável Primeiro Círculo ou se dispersar no Terceiro. Alguns diretores até defendem o uso de cadeiras mais duras para manter o público alerta no Segundo.

As artes

Os grandes autores escrevem no Segundo Círculo e a obra deles o mudará e o comoverá se a ler no Segundo. Você pode só reagir a um grande romance em uma releitura, talvez porque o tenha lido inicialmente no Primeiro ou Terceiro. É fácil fazer isso se um livro o intimida — você teme não entendê-lo, mas não entenderá profundamente nada que não leia no Segundo Círculo.

Nada escrito no Primeiro ou Terceiro Círculo é bom! Pode ser eficaz, mas a falta de presença do escritor o faz parecer trivial, sentimental ou, na pior das hipóteses, reduz sua conexão com a humanidade.

Faça esta experiência: leia no Segundo Círculo um artigo de tablóide ou romance de sucesso escrito para uma leitura rápida em aeroportos ou férias. Você ficará chocado com a qualidade da escrita ou entediado pelo conteúdo. Esse tipo de material pode ajudar a tirá-lo de uma presença pouco específica, mas como leitura diária acabará com a sensibilidade verbal e a imaginação.

Faça a mesma experiência com filmes e programas de TV voltados para o mercado de massa. No Segundo Círculo, perceberá que foram feitos para serem vistos no Primeiro ou Terceiro. De modo inverso, assistindo TV e filmes no Segundo, você descobrirá material de qualidade e grandes atores, apresentadores e escritores.

Os bons produtores de documentários nos querem no Segundo Círculo e usam técnicas deste para nos engajar. Não faz nenhum sentido explorar uma verdade se você não puder atrair o público para esse Círculo. Contudo, diretores de alguns filmes de sucesso nos querem no Terceiro. Se víssemos no Segundo pessoas sendo explodidas, provavelmente ficaríamos muito perturbados com a assustadora violência e falta de humanidade e sairíamos do cinema.

Toda música de fundo visa a estar no Primeiro Círculo, motivo pelo qual pode enlouquecê-lo se começa a ouvi-la no Segundo.

Muitas canções populares são escritas no Terceiro, embora possam ser cantadas no Segundo. Quando você escuta a letra ou sintoniza a música totalmente nesse último, percebe que uma canção popular, eficaz no Terceiro, é tediosa no Segundo. A boa música é composta no Segundo e o torna mais intenso — se a ouve no mesmo.

Embora muitos dos maiores artistas estejam no Segundo, podem passar a vida inteira sem serem apreciados — particularmente se o público não deseja estar presente para a mensagem que eles transmitem. Os criadores do Terceiro podem ser muito famosos, ricos e bem-sucedidos, mas geralmente não duram ou sobrevivem ao teste do tempo. Às vezes o sucesso vem de fazer o público se sentir seguro e desligado. Podem ser divertidos, maliciosos e irônicos, mas não profundos. A mensagem que transmitem é relevante para uma determinada cultura e um momento no tempo. Mas sem a humanidade do Segundo Círculo, não encontrarão um lugar nos corações de públicos futuros.

Se você tem uma profissão em que lida com pessoas sob estresse, senão trauma, o Segundo Círculo totalmente humano é um direito delas. Contudo, são esses mesmos traumas que podem fazer muitos profissionais preferirem não se engajar totalmente.

Alguns profissionais têm poder sobre muito de nós e sempre ficam tentados a senti-lo, em vez de sentir a humanidade do trabalho.

A lei

Criminosos. Começo esta parte com eles. Afinal, não precisaríamos de lei se todos se comportassem bem e harmoniosamente. Os criminosos mais violentos e antissociais estão no Terceiro Círculo quando cometem os crimes. Muitos são impedidos de estar presentes para a humanidade e aflição das vítimas por álcool, drogas, paixão cega ou uma bravata do Terceiro Círculo estimulada por outros membros da gangue.

Jesus Cristo disse, durante a crucificação: "Pai, perdoai-os, porque eles não sabem o que fazem." Você só pode realmente saber o que faz quando está no Segundo Círculo. A intenção do crime está no centro do sistema judiciário. Você sabe o que está fazendo e está realmente consciente dos próprios atos? Homicídio culposo (Terceiro Círculo). Assassinato (Segundo). Poucos crimes são cometidos no Primeiro e, se são, esse é um ato de não estar presente o suficiente para perceber o que está acontecendo. Todo sistema judiciário civilizado tenta descobrir o quanto os criminosos estão conscientes dos próprios atos — presentes.

Em *Hamlet*, o rei Cláudio matou o irmão, mas não sabe, total e conscientemente, o que fez, até ver o crime representado em uma peça. Ele pede luz, e uma luz realmente lhe invade o espírito quando se torna consciente do crime: "Está podre o meu crime; o céu já o sente." Esse é o momento em que o rei se torna presente para os próprios atos.

Essa compreensão que Shakespeare explora é similar aos procedimentos legais recentemente usados com alguns criminosos e vítimas. A vítima se senta com o criminoso. Eles conversam e se ouvem. O criminoso ouve e espera-se que entenda como prejudicou outro ser humano. O criminoso testemunha a vítima como humana.

Ambas as partes devem estar no Segundo Círculo e se reconhecer como seres humanos. Quando esse reconhecimento ocorre, estudos sugerem que o criminoso raramente repete o crime. Encontrar a vítima dá a este muita clareza e a injustiça experimentada pela vítima afeta o criminoso.

Muitos crimes são cometidos no Segundo Círculo e os responsáveis estão endurecidos e menos propensos a se tornarem sensíveis na presença das vítimas. Esse endurecimento pode ocorrer rapidamente quando eles convivem com presidiários mais violentos. Quando comecei a lecionar em prisões, vi como é difícil sobreviver nelas sem se desligar das emoções — a desconexão emocional do Primeiro Círculo. Também percebi como era preciso permanecer alerta em um Segundo Círculo físico.

A prisão ensina o Primeiro Círculo emocional combinado com o Segundo físico. Esse coquetel de energia é totalmente destrutivo para a sociedade, porque resulta em violência emocionalmente descuidada.

Trabalhando com prisioneiros e lhes ouvindo as histórias, comecei a entender outro enigma de energia: seus primeiros crimes e prisões foram piorados por uma incapacidade de se comunicar claramente no Segundo Círculo.

Eis um cenário comum: um incidente menos importante fica fora de controle quando o perpetrador entra em um estado mais elevado do Terceiro Círculo. Como a maioria dos policiais opera neste — e você não pode culpá-los por isso, porque é um escudo para evitar os constantes abusos que sofrem —, dá para imaginar a cena de duas energias desse Círculo colidindo.

Quando, com vinte e poucos anos, comecei a lecionar para prisioneiros, tivera, como muitas pessoas jovens, problemas com a lei. Evitei a prisão porque tinha o conhecimento e a formação para estar presente com o policial. Você definitivamente tem uma chance maior de receber uma advertência se permanecer presente para o policial — desde que a ofensa seja pequena!

A polícia. Um policial do Segundo Círculo prende neste e sabe distinguir os crimes cometidos friamente dos atos caóticos e estúpidos que todos às vezes realizamos. Quando um policial nesse estado o deixa ir embora, é porque reconheceu que você realizou um ato estúpido que não se repetirá — particularmente se ficar envergonhado o suficiente e no Segundo Círculo.

O interrogatório frutífero é feito nesse Círculo, porque um emocional Segundo pode conquistar a confiança do criminoso e obter uma confissão. O interrogador do Segundo percebe as mentiras do suspeito.

Um ótimo policial permanecerá presente para o sofrimento da vítima e, portanto, a ajudará a superá-lo e a fornecer mais detalhes do crime. Ela se sentirá importante e mais disposta a ajudar a polícia se a perda for testemunhada.

Parceiros policiais no Segundo agem como uma equipe e se protegem. Isso ocorre porque a ligação íntima desse Círculo na polícia ou nas Forças Armadas produz resultados melhores — as pessoas se importam umas com as outras, o que, sob estresse, é extremamente fortalecedor.

Quando a polícia o para, a maioria dos policiais lida com você no Terceiro. A pior coisa a fazer é ficar no mesmo estado. Essa energia pode explodir e parecer um desafio, acelerando a situação e possivelmente aumentando as acusações contra você.

A deferência do Primeiro Círculo — desculpas discretas e em voz baixa — pode funcionar, mas também produzir uma reação arrogante, o que não lhe permitirá levar o policial para o Segundo Círculo.

O real objetivo é levar qualquer figura de autoridade para o Segundo Círculo com você. Então ela poderá apreciá-lo como ser humano e você terá mais chance de apelo.

Permaneça no Segundo. Faça uma comunicação visual. Respire para o policial. Contato físico não é uma boa ideia! Permaneça aberto no corpo. Fale com ele, mas não levante a voz; seja razoável e, se discordar de algo que ele disser, tente se explicar de modo claro e não agitado.

O risco da carreira do policial é ter estômago para uma sucessão de abusos do Terceiro e menosprezo do público; será um alívio para ele encontrar você em um calmo e razoável Segundo.

Talvez o policial não deixe passar a infração, mas a ocorrência será menos complicada do que se você ficar no Terceiro Círculo. Se você for inocente, uma prisão do Segundo Círculo lhe dará o máximo de oportunidades de se explicar.

Na sala de tribunal. A verdade e a justiça só podem ser buscadas e encontradas nesse Círculo. Os grandes juízes e advogados operam nele plenamente. Por "plenamente" quero dizer em um Segundo Círculo físico, intelectual e emocional. E sabem quando é necessário mudar de energia.

Qualquer advogado que trabalhe no Segundo Círculo conquistará a confiança dos clientes. As pessoas procuram os advogados quando se sentem prejudicadas, e aquele que estiver mais próximo frequentemente é indicado antes de um mais inteligente. Obviamente, um inteligente e próximo é a escolha ideal, mas, sob ameaça, uma pessoa precisa de cuidado constante, particularmente quando a lei e a linguagem parecem desumanizadoras e cínicas.

Na sala de tribunal, um advogado presente agradará mais ao júri do que um vistoso do Terceiro Círculo ou desenergizante do Primeiro. As testemunhas revelam mais quando se sentem ouvidas no Segundo e os juízes permanecem mais atentos aos advogados deste.

Se você assiste a julgamentos, pode ter notado tudo isso. Mas sei que também viu o quanto a lei é mal servida por advogados murmurantes e sem paixão do Primeiro Círculo, frequentemente inaudíveis para o juiz e os jurados. Isso é inútil tanto para a acusação quanto para a defesa.

Igualmente irritante é o caso apresentado com o exagero do Terceiro e sem o coração do Segundo. Todas as testemunhas reagem melhor ao interrogatório rigoroso do Segundo Círculo, a menos que tenham algo a esconder, o que será notado por um advogado nesse estado.

Um ótimo juiz deve ouvir em um claro e completo Segundo Círculo todas as evidências sem demonstrar tédio (Primeiro) ou desdém (Terceiro). Todos os membros do júri devem ouvir no Segundo. Se o juiz e os jurados estiverem presentes, o caso será ouvido. Se não estiverem, a justiça poderá ser arbitrária e, na pior das hipóteses, não parecer ter sido feita para nenhuma das partes — o acusado e o acusador. Em *Conto de inverno*, a inocente Hermíone percebe que está sendo julgada por um sistema legal corrupto.

Isso é crueldade, não justiça.

Para você acreditar na justiça, todos nós temos de estar no Segundo Círculo a fim de que ela possa florescer.

Política

Os grandes políticos conquistam votos, corações e mentes no Segundo Círculo. Precisamos acreditar e confiar no poder deles e, se necessário, segui-los na guerra. Acho que os eleitores devem exigir que os líderes sejam políticos desse Círculo, e que estes engajem os primeiros no processo de governo e os represente com presença positiva e humanidade.

Nos dias mais difíceis da Segunda Guerra Mundial, Winston Churchill falou no Segundo Círculo para os ingleses. Ele teve de fazer isso; ninguém teria acreditado em um agitador de multidões superficial do Terceiro ou num discurso sem paixão do Primeiro. E os ingleses responderam no Segundo, no qual tanto Churchill quanto os ingleses precisavam sobreviver.

Bill Clinton foi um político natural do Segundo Círculo, e nisso consistia-lhe o poder; grande parte do qual só foi perdido ao mentir na TV sobre Mônica Lewinsky. Então se moveu muito claramente para o Terceiro Círculo.

Tony Blair teve seus momentos, particularmente ao falar de improviso. Isso aconteceu quando discursou logo após a morte da princesa Diana.

George W. Bush raramente é visto no Segundo Círculo — apenas por breves momentos e, normalmente, com raiva e malícia. Surpreendeu-me que ele não tivesse entrado no modo de sobrevivência do Segundo ao ficar sabendo dos ataques de 11 de setembro.

A grande questão é: queremos políticos que desejam nos silenciar e desengajar, nos fazer dormir, não nos incentivar a agir? Queremos que nos sufoquem com pronunciamentos do Terceiro Círculo ou entediem até a submissão no Primeiro? É certo que os políticos e partidos sejam encorajados a não nos dizer a verdade – ela não é boa para as massas? Se a resposta para qualquer uma dessas perguntas for sim, isso explicaria por que tantos jovens políticos parecem distantes e desconectados de todos nós.

É difícil manter a conexão se você não está dizendo a verdade e, pior ainda, se não acredita que o público a merece. Muitos políticos ficam constantemente no Terceiro Círculo. Eles aparentam charme, às vezes agressividade, mas raramente estão presentes conosco. Mas talvez nem sempre tenham a intenção de ficar nessa energia.

Os consultores de imagem visam a controlar o acesso da mídia aos clientes, e isso faz até o político mais aberto ter de lutar para conseguir conexão clara com os eleitores. Alguns dos políticos mais velhos com quem trabalhei são ótimos na conexão do Segundo, mas são de um tempo em que falavam em grandes comícios e eram importunados com perguntas insistentes. Isso é um ótimo treinamento para esse Círculo; na verdade, esse desafio ativo do Segundo provavelmente é essencial para qualquer um que busque o poder. Hoje, os políticos fazem discursos escritos para eles, o que exige enorme capacidade de ir do Terceiro para o Segundo Círculo; se não falam com os corações, só podem evocar paixão no Terceiro.

Os consultores de imagem restringem os políticos, exigindo uma apresentação cosmética em vez da presença do Segundo Círculo. "Fique em pé assim, não mova as mãos, use isto, sorria, não mostre os dentes, fale em tom mais amigável", e assim por diante. Um bom exemplo disso é Al Gore, que foi mal interpretado quando participou da campanha presidencial de 2000 porque não lhe permitiram entrar no Segundo Círculo com os eleitores americanos.

Portanto, eis o problema para o político. Como permanecer no Segundo Círculo quando lhe dizem para falar em geral, não especificamente; controlar opiniões e paixões; e seguir o regulamento do partido?

Muitos entram para a política no Segundo Círculo, com paixão e desejo de tornar o mundo melhor. Comovem e estimulam o eleitorado com essa presença, e depois a perdem quando, gradualmente, vão-se embora os ideais.

Alguns entram para a política por motivos menos nobres. Anseiam por poder em um distrito eleitoral ou estado que vota neles independentemente da presença. Esse tipo de político nunca precisa estar no Segundo Círculo, porque a energia do Terceiro é suficiente para levá-los ao poder.

Você raramente encontra um político do Primeiro Círculo, a menos que ele esteja cansado e perto do fim da carreira.

Os jovens com paixão pela política iniciam as profissões em busca da verdade. A perda da paixão começa quando enfrentam vários obstáculos. Frequentemente, para progredir, têm de abrir mão das próprias crenças. A paixão que os ajudou a trabalhar no Segundo Círculo e os fez ser notados pelos partidos e o eleitorado diminui, quando não acaba.

Também há as pressões de ser entrevistado na TV e no rádio. Quanto mais você puder permanecer no Segundo Círculo nessas ocasiões, melhor, mas é o orador bem sintonizado que consegue fazer isso. Geralmente a tendência é entrar no Primeiro e não se esforçar o suficiente, achando que a tecnologia dará conta do recado. Um político tem mais motivos para entrar no Terceiro quando entrevistado do que a maioria das pessoas, porque sempre está consciente de que pode ser atacado. Trata-se de uma ótima defesa, mas faz o orador parecer agressivo e menos cuidadoso. O político corajoso consegue permanecer no Segundo sob ataque!

A abertura do jovem político entra em conflito com os veteranos do partido, a maioria dos quais — com medo de lutar e ameaçados pela mídia — adotou o Terceiro Círculo. Quase todos começam as carreiras no Segundo, mas com o passar dos anos é possível vê-los fortalecendo as defesas do Terceiro. Por exemplo, quando Tony Blair iniciou a carreira política e foi eleito, estava no Segundo Círculo, no qual encontrava as pessoas; mas, quando se sentiu mais ameaçado pela mídia e pelo próprio partido, desapareceu atrás do muro do Terceiro.

A maioria das arenas políticas é ambiente de gladiadores — a Câmara dos Comuns é um espaço que encoraja o combate frontal. Mesmo nos espaços que foram criados para ser mais generosos, com uma configuração curva ou arredondada, como na maioria das câmaras do Congresso americano, o tamanho faz muitos se sentirem ameaçados.

Todos esses obstáculos são maiores para as mulheres na política. Elas se sobressaem no Segundo em encontros um a um, mas têm mais dificuldade em entrar em espaços de confronto nesse

Círculo. Sentem-se mais ameaçadas e tentadas a imitar as qualidades masculinas negativas do Terceiro.

Esse cenário é compreensível, porém fatal, porque é fácil para o público ver a dureza e a agressividade demonstradas pelas mulheres em um exacerbado e pouco atraente Terceiro Círculo. A mídia pode explorar essa energia e sugerir que não devemos confiar ou gostar de uma "mulher fria e dura". Os homens com esse Círculo exacerbado podem sobreviver por mais tempo sem serem criticados.

Recomendo que os políticos entendam que, se adotarem o Terceiro, poderão parecer fortes, mas perderão a conexão humana com as pessoas que governam. É claro que às vezes é preciso se defender nele, mas devem visar a voltar para si mesmos — e para nós — no Segundo. Sei que correm de um lado para o outro, vão a evento após evento, encontram centenas de pessoas todas as semanas e o Segundo custa mais do que o charme superficial do Terceiro; mas devem encontrar tempo para voltar a ele.

Muitas técnicas são necessárias para sobreviver à TV, à imprensa e ao partido; mas o político deve aprender a lidar com isso no Segundo Círculo. Sei o quanto tem de ser hábil para desejar permanecer conectado a ele, porque é muito mais rápido e fácil ir para o Terceiro.

Um jovem ministro que treinei apareceria em um noticiário extremamente influente e pediu um conselho a um dos membros mais velhos — e muito famosos — do partido. O conselho foi simples: esse programa é importante, por isso tire dois dias de folga para se preparar. Isto é, não blefe no Terceiro Círculo.

Insisto que os eleitores exijam aos líderes — as pessoas que decidem seus destinos — engajamento e conexão no Segundo Círculo. Não confiem em ninguém que não possa obter e manter essa energia e só consiga falar no Terceiro. Se os políticos não puderem nos encontrar no Segundo, não devemos lhes dar o voto, porque não o merecem.

Observe cuidadosamente os líderes. Eles estão principalmente no Primeiro Círculo? Isso demonstra excesso de confiança e desconsideração pelos eleitores. Indica que não têm de se esforçar para nos manter interessados. No Terceiro, são defensivos, arrogantes ou, na pior das hipóteses, negligentes. Algumas vezes estão no Segundo? O que os coloca lá? Raiva, choque, preocupação ou humanidade? Quando confrontados, para onde vão? É um bom sinal se esforçarem para permanecer nele. Pelo menos estão tentando ser honestos.

Profissionais de saúde

Houve um tempo em que os médicos eram treinados não só em ciência como também em humanidade, formando profissionais de saúde que tinham "jeito para falar com os doentes". Eles realmente conseguiam se comunicar e ouvir os pacientes, demonstrando interesse e compaixão pelos que sofriam. Reconheciam-lhes o desespero.

Época em que os médicos e as parteiras conheciam os pacientes e as histórias das famílias deles, e tinham tempo para lhes falar. Grande parte da cura estava em conversar sobre o problema. O paciente conhecia o médico e se sentia conhecido. Se um médico conhece o paciente, é mais fácil ter calma com ele.

Infelizmente, isso praticamente acabou. O treinamento dos médicos não tem mais muito espaço para conversas, desvelo ou solidariedade. As normas são fixarem minutos para as consultas, embora haja claras evidências de que se passassem mais tempo com os doentes uma proporção maior deles não precisaria de consultas extras. Isso é particularmente verdadeiro nos problemas ligados à depressão.

É fácil os profissionais de saúde se esquecerem do ser humano no processo de cura. Ninguém pode curar efetiva e totalmente sem estar presente com o paciente. É claro que se você é levado às pressas para a sala de emergência só quer que o médico e as enfermeiras estejam totalmente presentes para salvá-lo; mas em momentos mais tranquilos, o Segundo Círculo é essencial e um imperativo para todos nós. Ninguém quer um profissional de saúde presunçoso ou desconectado. Entretanto, muitos pacientes recebem esse tratamento quando estão mais vulneráveis.

Hoje uma parte tão grande da medicina depende de procedimentos de alta tecnologia que médicos e enfermeiras tratam os pacientes como máquinas, no Primeiro ou Terceiro Círculo. A alta tecnologia não deve ser uma desculpa para tanta insensibilidade. Ninguém quer ser tratado assim, especialmente quando doente ou com dor. Um dos motivos pelos quais tantas pessoas recorrem à medicina alternativa é obter mais presença e atenção bondosa por parte dos que trabalham com toda a energia do Segundo Círculo dos pacientes.

Entendo por que os médicos não conseguem fazer isso — são apressados, e é mais fácil não se envolver emocionalmente. Com frequencia você os ouve pondo a culpa de espantosas brincadeiras e do comportamento desumanizador na pressão do trabalho. Eles veem morte e dor todos os dias e precisam fugir dessas realidades zombando de si mesmos e dos pacientes como forma de equilíbrio. Mas esse tipo de comportamento só desumaniza ainda mais a eles mesmos e as próprias conexões. No trabalho, o alívio virá nos momentos de real contato com os pacientes, em vez de na humilhação dos mesmos e deles próprios com uma zombaria que desconecta e é indesculpável.

Para o profissional de saúde, digo isto: no Segundo Círculo, você diagnosticará melhor; a mente irá além do óbvio e talvez salve mais vidas; o paciente confiará em você; e essa confiança o ajudará a curá-lo. Um ser humano doente e aflito tem direito ao real contato e conforto do Segundo Círculo por parte do profissional de saúde. A pessoa que tem a dignidade do doente nas mãos deve estar positivamente presente.

O fim de vida de minha mãe foi tornado suportável para ela e a família por uma das enfermeiras da noite que a tratou com a dignidade do Segundo Círculo, trazendo no toque e na voz uma atmosfera calma e amorosa que sei que mamãe sentiu. Assim, ela foi realmente acalentada.

> A arte da medicina consiste em distrair o paciente enquanto a natureza cura a doença.
> — VOLTAIRE

É claro que a terrível notícia do risco de morte deve ser dada no Segundo Círculo. Um profissional de saúde não pode parecer casual (Primeiro) ou bombástico (Terceiro) numa situação dessas. Afinal, quem está aflito precisa de contato humano, não só de drogas.

A profissão deve treinar médicos, enfermeiras e paramédicos para se comunicarem no Segundo Círculo. Na verdade, os paramédicos são alguns dos comunicadores mais habilidosos do Segundo. Provavelmente aprenderam a sê-lo por meio de tentativas e erros. Quando uma ambulância chega a um local, em geral há pessoas precisando de ajuda imediata e extremamente agitadas. Nessas circunstâncias, o modo mais eficaz de acalmá-las e salvar-lhes a vida é adotar a energia desse Círculo em todo o corpo, na respiração e na voz. Essas são habilidades encontradas nos paramédicos.

É bom para os profissionais de saúde purificarem a energia após o trabalho, para não levarem para casa o sofrimento e a angústia experimentados durante seu turno. Esse exercício pode ser encontrado no último capítulo do livro, "Prática diária".

Seu papel como paciente

Como paciente, você deve tentar permanecer no Segundo Círculo com quem o está tratando, e exigir que essa pessoa fale com você direta e claramente nele. Isso é difícil quando você está deitado ouvindo uma discussão a seu respeito da qual não está participando! Mas tente dizer: "Fale comigo, por favor", centenas de médicos nunca foram advertidos desse modo.

Recentemente uma amiga foi submetida a uma cirurgia ocular, o que significa que teve de permanecer consciente o tempo todo. Ela pediu a uma das enfermeiras para lhe segurar a mão. O efeito foi pôr a atenção dela em outra pessoa, e centrá-la. Mais tarde essa amiga me disse que pensou naquelas vítimas do 11 de setembro que tiveram de pular do World Trade Center — muitas o fizeram de mãos dadas com estranhos. Assim, permaneceram presentes e conectadas até o fim.

Quando os médicos usarem jargões, peça-lhes que os expliquem na linguagem do Segundo Círculo. Evite passar para a agressividade do Terceiro e permaneça firme, mas afável.

Guias religiosos

> Religião... na infinita vastidão do universo, é uma direção do coração.
>
> — Rainer Maria Rilke, *Selected Letters*

Houve um tempo em que todos tinham conexão do Segundo Círculo com religiosos mais velhos — padres, monges ou rabinos. Assim, batismos, casamentos e funerais eram eventos muito pessoais.

Para muitos de nós, esse não é mais o caso, porque podemos assistir a rituais sagrados importantes realizados por um indivíduo que não conhece quem está batizando, casando ou enterrando. Agora é raro um sacerdote que pode fazer um serviço religioso no Segundo Círculo; daí tantas histórias de sacerdotes errando o nome ou até o sexo do falecido.

A descrição do trabalho de qualquer guia religioso envolve a capacidade de se dirigir a grandes grupos e também confortar indivíduos. Ambas as atividades transformariam a mensagem e os ouvintes se a sabedoria fosse apresentada no Segundo Círculo.

No centro de todas as escrituras sagradas há uma necessidade da precisão física da Palavra que, afinal, personifica a verdade, o amor e a empatia. Todas essas qualidades são do Segundo. Qualquer texto ou apresentação se torna redundante quando perde a energia no Primeiro Círculo ou é exagerado no Terceiro. Se a religião busca o Divino, certamente só pode fazê-lo no Segundo, e a mensagem central de amor tem de ser praticada na Terra com a humanidade Dele para com os outros.

É alarmante que muitos líderes religiosos raramente sejam vistos nesse Círculo. É como se não pudessem descer ao nível dos colegas humanos, mas se sentissem acima ou afastados de nós. Portanto, você deve suspeitar de toda doutrina religiosa apresentada pomposamente no Terceiro ou murmurada no Primeiro.

Observe a linguagem bombástica do Terceiro Círculo dos fundamentalistas, que não parecem ter nenhum problema em condenar à morte e ao inferno quem discorda deles. Depois ouça os gurus que se sentem tão certos da própria doutrina que falam muito baixo no Primeiro Círculo, fazendo você ter de se inclinar para a frente para ouvi-los.

O Segundo Círculo pode ser duro com a fé, em parte porque honra aqueles ao redor. Honrar não significa ter de concordar, mas você realmente precisa tentar entender e permanecer, ainda que por alguns minutos, com as crenças que o fazem se sentir confortável. Essa permanência é um ato de humanidade do Segundo Círculo e provavelmente faria o Divino sorrir.

> Restou-me o temor escuro; por isso, o auxílio procuro de vossa prece que assalta até mesmo a graça mais alta, apagando facilmente as faltas de toda gente. Como quereis ser perdoados de todos vossos pecados, permiti que sem violência me solte vossa indulgência.
> — WILLIAM SHAKESPEARE, *A tempestade*

> A natureza da graça não comporta compulsão. Gota a gota ela cai, tal como a chuva benéfica do céu. É duas vezes abençoada, por isso que enaltece quem dá e quem recebe.
> — WILLIAM SHAKESPEARE, *O mercador de Veneza*

32
Lazer

Temos tão pouco tempo para o lazer ou eventos recreativos que não admira que muitos deles não possam ocorrer no Segundo Círculo. O preço da vida diária, a necessidade de tirar o máximo de todas as situações, cria tensão nos momentos de lazer. Por isso, eis algumas estratégias para esses eventos que deveríamos apreciar, mas frequentemente tememos.

Festas

Entrando no salão. A maioria de nós teme chegar a uma festa, hesitando na porta à espera que uma pessoa nos note e a possamos reconhecer.

Se ninguém fizer isso, terá de tomar decisões difíceis. Você se aproxima de um grupo animado e se apresenta? Procura uma bebida para diluir a crescente humilhação e espera que ao atravessar a sala alguém o pare e convide a se aproximar? Ajusta um foco do Segundo Círculo em um quadro conveniente e finge lhe dar total atenção?

Nessa etapa você se torna uma presa fácil da pessoa mais chata da festa; se não estiver armado, ela poderá monopolizá-lo pelo resto da noite.

O pânico pode facilmente forçar você a entrar em um excessivamente entusiasmado ou desajeitado Terceiro Círculo, ou levá-lo a um derrotado chá de cadeira no Primeiro.

Na próxima vez em que entrar em uma sala, observe o grupo objetivamente. As pessoas mais ativas estão no Terceiro Círculo, não realmente se relacionando, mas sendo cortejadas por um grupo de ouvintes felizes do Primeiro por se sentir incluído, ou em confronto direto no Terceiro com o membro dominante do grupo. É claro que tudo isso é intensificado pelo álcool e pela música alta.

Todo grupo ou casal no Segundo Círculo está engajado, e é impenetrável. Se, contudo, um grupo estiver no Segundo com desenvolta presença, tenderá mais a deixá-lo participar e perceberá se você estiver perto no Segundo. Porém, um casal nesse Círculo pode não lhe apreciar a presença.

Ao entrar em uma sala, permaneça no Segundo Círculo e respire o espaço. É bem possível que isso o faça ser notado e imediatamente aceito na festa.

Faça tudo no Segundo — buscar uma bebida, atravessar a sala, esperar ao lado de um grupo —, e se após alguns minutos as pessoas não reagirem, siga em frente. Sente-se, se preciso, mas permanecendo nesse Círculo não se sentirá estúpido sozinho como se sentiria no Primeiro, ou arrogante e arredio no Terceiro. Permanecendo nele, alguém o notará e a festa começará para você.

Se for monopolizado por uma pessoa chata, seja direto, permaneça no Segundo, invente desculpas e se afaste com o foco do Segundo. Isso é melhor e menos grosseiro do que ficar com ela, retirando-se para o Primeiro ou examinando a sala no Terceiro. Geralmente os chatos não são atraídos pela presença clara, porque querem ser cortejados na energia do Terceiro.

Apresente-se no Segundo Círculo, mas provavelmente não é aconselhável beijar estranhos neste, nem mesmo no rosto, motivo do surgimento do beijo no ar (Terceiro): muita gente beija quem não quer beijar!

Se as pessoas na festa ficarem muito embriagadas ou espalhafatosas, o único modo de sobreviver é entrar no Terceiro Círculo. Muitas gostam de festas neste porque podem ser relaxantes, mas não para os vizinhos! O sexo generalizado, as risadas, a bebida, os gritos e a dança são um expurgo; mas não espere uma troca íntima. Se por acaso ela ocorrer, será como água fria no deserto.

Se não puder participar de uma festa no Terceiro, evite ficar e ir para o Primeiro, porque isso só o deprimirá. Observar um pouco de fora no Segundo pode ser instrutivo e atrair uma pessoa também presente. Se isso não acontecer, a festa começará a parecer selvagem e o melhor é ir embora.

Jantares. Estranhamente, quanto mais íntimo o jantar, mais difícil pode ser se sentir à vontade. Permaneça no Segundo Círculo e preste atenção.

É fácil cometer erros toscos no Terceiro porque você se aventura nesses jantares antes de ter uma chance de avaliar o que está acontecendo. Não seja levado a competir com os outros nesse Círculo, ou a ignorá-los no Primeiro. É mais fácil lidar no Segundo com um agressor no Terceiro, e você pode conseguir tirar os outros do Primeiro se tiver a presença do Segundo.

Permaneça no Segundo durante a refeição. Se não souber como comer determinado prato ou quais utensílios usar, observe e logo aprenderá.

O bom anfitrião. Os bons anfitriões permanecem no Segundo Círculo durante toda a festa — estão em serviço e devem ficar presentes.

Os deveres do anfitrião incluem apresentar as pessoas; notar quem não está envolvido e trazê-lo para a festa; andar vendo se todos têm o que precisam. Esses deveres só podem ser adequadamente feitos no Segundo.

Os bons anfitriões estão presentes nas próprias festas, mas impossibilitados de relaxar no Primeiro Círculo ou afrontar no Terceiro, porque perderão a sensibilidade às necessidades dos convidados.

Os antigos livros de etiqueta descrevem um ótimo anfitrião como "gracioso". A graça é uma qualidade do Segundo Círculo porque o interesse pelos outros só pode ocorrer quando você está presente para as necessidades alheias.

Piadas ofensivas. Sei que em algum momento você já ouviu uma piada ofensiva. Ou o ofendeu diretamente ou alguém no grupo. Se você tem consciência dessa ofensa direta ou indireta, está no Segundo Círculo. A opção é ir para o Primeiro ou Terceiro a fim de minimizar a dor, ou permanecer no Segundo e talvez contestar o ofensor.

Se contou uma piada ofensiva sem consciência das dolorosas consequências até ser mais tarde informado delas por outras pessoas, provavelmente estava no Terceiro ou Primeiro Círculo. Se estava no Segundo, foi intencionalmente ofensivo.

Discursos de casamento

Você conhece a cena — se não pessoalmente, de filmes; o discurso do padrinho.

Normalmente ele está assustado e bebeu demais para tentar acalmar os nervos. As duas coisas tendem a colocá-lo no Terceiro Círculo, de modo que ele fica alegremente inconsciente das reações dos convidados. Começa a contar histórias de mau gosto e constrangedoras sobre o melhor amigo, o noivo. Poucos convidados riem, mas ele continua. Os convidados se remexem nas cadeiras, saindo do Segundo Círculo e, quando as histórias ficam mais obscenas, iniciam outras conversas para rechaçá-lo. Se alguém na recepção permanecer presente, poderá chamá-lo e fazer com que se cale.

Se o padrinho estivesse presente, mudaria o discurso ao menor sinal de desconforto ou ausência de risos. O que pode ser dito e ouvido no Segundo Círculo na despedida de solteiro é impróprio para a festa de casamento, que pode ser arruinada — senão o casamento — por essa desatenção.

Bom serviço

Você certamente será mais bem atendido se negociar no Segundo Círculo com quem o servir.

Se já foi garçom, recepcionista, vendedor ou motorista de táxi sabe o quanto o trabalho é solitário quando aqueles a quem serve o ignoram no Primeiro Círculo — falam como se você não estivesse ali — ou, pior ainda, o tratam com ares de superioridade no Terceiro.

É claro que, como membro do setor de serviços, você deve estar o tempo todo atento no Segundo Círculo. Isso se torna mais difícil quando se sente tão claramente desumanizado, e pode levar ao mau serviço ou à total sabotagem.

Anos atrás, uma mulher que servia chá no escritório de administração de um teatro admitiu para mim que eu era a única pessoa no prédio em cujo chá ela não pusera cinza de cigarro. Aparentemente, fui salva da ira porque sabia o nome dela!

Lembro-me de que, na escola de arte dramática, quando os jovens alunos participavam de uma audição, o staff perguntava à secretária que os recebera: "Como fulano se comportou com você?" Os alunos que haviam se comportado mal ou sido rudes não eram aceitos. Eu faço a mesma pergunta à minha secretária, particularmente se não estou certa de que quero trabalhar com alguém.

Não se esqueça de que todos desejam ser apreciados, seja qual profissão tiverem. Se alguém lhe fizer um bom trabalho, reconheça-o no Segundo Círculo.

Como cliente, você pode recompensar um bom serviço permanecendo no Segundo Círculo com a outra pessoa. Em vez de gritar com o mau prestador de serviços no Terceiro, experimente isto: vá contra os instintos e vise a humanizar o garçom mal-humorado, a recepcionista negligente ou o vendedor arredio com um diálogo direto do Segundo Círculo. Não há necessidade de adular ou ser gentil; apenas pergunte-lhe o seu nome e faça contato visual (mas não flerte). Presuma que podem ser melhores no trabalho. Diga "por favor" e "obrigado" se estiver no Segundo Círculo e, se fizerem algo certo, os elogie. Se continuarem a ser rudes, você tem o direito de reclamar.

Você será muito mais bem servido se se aproximar das pessoas no Segundo Círculo; e se tiver contato regular com elas, criará aliados, não inimigos.

33
Purificando a energia negativa

Este capítulo fornece um exercício muito simples, porém profundo, para levar o corpo e a respiração de volta a um lugar purificado após o sofrimento.

Sugiro que o use para regular e limpar o corpo e a mente das manifestações físicas da dor e dos bloqueios que ela cria.

O exercício também ajuda a lidar com o sofrimento dos outros.

Todos nós adquirimos os hábitos físicos das pessoas ao redor e as distorções emocionais delas nos podem ser assimiladas pelos corpos.

Alguns profissionais tendem muito a isso, motivo pelo qual decidem não existir no Segundo Círculo. Exemplos óbvios são os profissionais da área de saúde que, todos os dias, veem morte e dor. Os agentes da lei têm de lidar com a morte, a raiva e o desespero o tempo todo. Os professores em escolas violentas lutam contra a ameaça constante de agressão. Qualquer pessoa que lide com a irritação de clientes ou colegas também assimilará essa energia.

Aconselho esses profissionais a fazerem o exercício pelo menos uma vez por semana, para eliminar essa energia negativa e evitar levá-la para casa e o restante da vida. Vocês não só se sentirão melhor como também serão capazes de lidar com as pessoas mais livremente no Segundo Círculo no trabalho. Isso os tornará muito melhores no que fazem sem destruí-los e debilitá-los.

O exercício

Isto levará cerca de vinte minutos. Sinta-se à vontade para chorar, gritar ou ficar zangado enquanto a liberação ocorre. E também para interrompê-lo caso se torne muito difícil de suportar.

- Encontre um lugar seguro e reservado.
- Fique na posição de liberação profunda. Deite-se de barriga para cima com uma pequena almofada sob a cabeça. Os músculos da panturrilha devem ser confortavelmente sustentados por uma cadeira, com as coxas nos ângulos certos em relação ao chão. Relaxe-as e solte os ombros. Ponha uma das mãos logo acima da virilha porque isso o ajudará a localizar a respiração.

O objetivo do exercício é acalmar a respiração levando-a à posição mais baixa e profunda, sem bloqueios. Então ela poderá purificar-lhe o corpo e dispersar a energia negativa dentro de você.

- Comece o exercício imaginando um ambiente natural calmo e bonito. Ponha a mente nele. Use música, se ajudar.
- Agora, com calma, livremente e sem produzir muito som, expire dando um suspiro, o único que usará no exercício. Continue sem esforço até sentir que não restou nada em você.
- Depois de expirar, espere até o corpo desejar inspirar. Pense nessa espera como uma suspensão fluida, não um controle.
- Comece a inspirar silenciosa e lentamente.

- No ponto em que se sentir cheio de ar, não prenda a respiração, mas a suspenda até o corpo desejar expirar.
- Ao expirar, vá até o fim da respiração e a suspenda até voltar a inspirar lenta e silenciosamente.
- Mantenha esse padrão respiratório pelo máximo de tempo que puder (idealmente, 20 minutos).
- Concentre-se na respiração. Esvazie a mente e o coração.
- Levante-se devagar e vá direto para a cama ou volte ao mundo gradualmente. Você estará no Primeiro Círculo, mas se concentre em pontos específicos no ambiente. Isso o levará para um muito suave Segundo sem nenhuma das distorções do dia.

34
Prática diária

O principal é estarmos preparados.
— William Shakespeare, *Hamlet*

A última palavra de Collette, a brilhante romancista francesa, foi "olhe". Na prática diária, fique atento aos detalhes. Olhe, ouça, pense e sinta-os.

Realmente se conecte com o olho do pássaro, a formação da folha, as pétalas da flor, a mancha no tapete ou na parede, a rachadura na calçada, a formação das nuvens, a sombra no muro. Olhe para uma pessoa querida e veja os olhos dela — o medo e o amor neles —, o cabelo no colarinho, a mão dela. Ouça o som da respiração e da voz dessa pessoa. A música.

Pense em como uma ideia é nova ou surpreendente, ou no coração e no que exatamente está sentindo.

Viver em um ambiente urbano no século XXI reduz-lhe as chances de estar presente. Há muito barulho, muita pressa, muitas informações — e muitas pessoas. Temos pouco espaço ou tempo para a natureza e o silêncio. Você deve realizar uma prática diária ou um ritual para permanecer conectado. Eis algumas sugestões para serem feitas no Segundo Círculo.

Práticas físicas

- Todas as manhãs, centre o corpo antes de enfrentar o mundo. Os ombros, a parte superior do peito e os maxilares devem estar relaxados. Mantenha a espinha dorsal reta, os músculos abdominais soltos, os joelhos destravados e os pés firmes no chão — sinta o chão através das almofadas dos pés.
- Caminhe com energia direta; tente fazê-lo na natureza de vez em quando.
- Alongue as partes laterais e posterior da caixa torácica. Respire baixo e silenciosamente para um foco fora da janela.
- Aqueça a voz com um cantarolar suave.

Sentidos

- Saboreie os alimentos.
- Identifique um novo cheiro no mundo.
- Olhe para a natureza — uma árvore, uma flor, um pássaro.
- Observe o tempo.
- Olhe para a lua e as estrelas.
- Ouça uma notícia com total atenção.
- Ouça um novo estilo de música.
- Tome banho.

Mente

- Leia um artigo de jornal que normalmente não leria.
- Leia um poema em voz alta e não tema não entendê-lo totalmente.
- Peça a si mesmo e a outras pessoas ao redor uma opinião sobre a principal notícia no noticiário.

Coração

- Pergunte-se o que está sentindo.
- Reconheça os sentimentos diferentes que experimentar durante o dia, sejam de medo, alegria ou pânico.

- Em um dia típico, você pode se conectar com o mundo e tornar o tempo mais significativo observando bebês e animais; conversando com seu filho sem a ajuda de brinquedos e TV — ainda que por alguns minutos, tornando-os o centro do universo; socializando-se em ambientes tranquilos.

Ao acordar

- Observe o quarto, o dia, o tempo, a cama e a pessoa ao lado.
- Tente não ligar a TV ou o rádio, a menos que passe algum tempo ouvindo uma música ou notícia.
- Converse com parceiro e filhos antes de prosseguir em seu dia.
- Saboreie o café da manhã.
- Respire antes de sair de casa.

Em viagens

- Observe o mundo fora de si mesmo.
- Mude rotas para se manter interessado.
- Erga os olhos ao caminhar e observe o mundo acima de você. Olhe para o céu.
- Não viaje sempre conectado em um iPod.
- No carro, dirija às vezes sem o rádio ligado e, quando parar, reconecte-se ao mundo, examinando-o.
- Seja gentil com os outros motoristas: dê-lhes passagem quando apropriado e tente fazer contato humano com eles. Faça o mesmo com os pedestres.
- Agradeça àqueles que fizerem o mesmo com você.
- Suba escadas e abra portas.
- Tente não usar seu celular com muita frequência.

No trabalho

- Faça contato com a primeira pessoa que encontrar ao entrar no prédio e receba qualquer contato de volta.

- Leia relatórios, fale pelo telefone e escreva e-mails e textos.
- Conduza reuniões ou entrevistas importantes.
- Ouça antes de dar uma opinião.
- Mesmo em um ambiente barulhento, tente permanecer presente para trocas importantes.

No final do dia, reconecte respiração e corpo. Relaxe e purifique a energia se o dia foi difícil (veja a página 308).

Novos começos

Aprecie os momentos em que sentir o surgimento da energia do Segundo Círculo e, ao terminar este livro, permaneça presente. Agora você está começando uma jornada para recuperar a presença. Lembre-se de que está muito mais vivo e brilhante do que se permitia ser.

Sobre a autora

Patsy Rodenburg, que recebeu a Ordem do Império Britânico (OBE, de British Empire Order), é uma das melhores professoras de voz e interpretação do mundo. Fundou o Voice Department do Royal National Theatre de Londres e dirige o Voice Department da Guildhall School of Music and Drama. Foi professora de voz da Royal Shakespeare Company de Londres por nove anos e ensinou voz e presença para todas as grandes companhias teatrais do mundo. Seus créditos em filmes incluem colaborações com diretores como Mike Nichols, Franco Zeffirelli e Sam Mendes. O trabalho de Patsy foi além do teatro, incluindo ensino de voz e comunicação para executivos e palestras sobre cuidado vocal e capacidade de ouvir no Royal College of Surgeons, em Londres. Ela ministrou cursos para professores e políticos e ensinou Shakespeare, como terapia, em prisões inglesas.

Visite seu site em www.patsyrodenburg.com

Este livro foi composto na tipologia Adobe Garamond Pro,
em corpo 11.5/15.3 e impresso em papel off white 80g/m²
no Sistema Cameron da Divisão Gráfica da Distribuidora Record.